KB039044

모래놀이치료의 2판
이론과 실제

모래놀이치료의 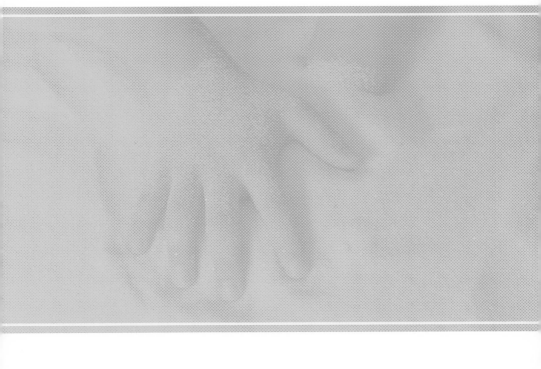2판
이론과 실제

김보애 저

학지사

내가 만난 모래놀이치료

　1988년 2월 15일 수도회에서 종신 서원을 하고 장안동에 있는 시립아동상담치료센터에 세 명의 선배 수녀님들과 첫 소임을 왔다. 시립아동상담치료센터는 서울시에서 수녀회에 위탁한 기관으로서 내가 처음 이곳에 왔을 때는 지하 1층, 지상 3층의 신축 건물이었다.

　아동상담치료센터는 말 그대로 아동을 상담하는 곳이라고 생각했을 뿐 아이들을 어떻게 대해야 하는지에 대해서는 아무런 생각이 없었다. 또한 새롭게 시작하는 아동상담치료센터에서 아이들에게 어떠한 프로그램으로 접근해야 할지에 대해서도 아무런 의견이 없었고 위탁 운영을 맡은 수녀회에서는 서울시의 지시만 기다리고 있었다. 그러나 구체적인 방안이 없기로는 서울시도 마찬가지였다. 그때 나는 건물 구석구석을 깨끗이 청소하면서 여러 생각을 하기 시작했다. 먼저 각 방에 필요한 소품들을 준비하는 것이었다. 어느 분이 상담치료센터를 설계했는지는 모르지만 그동안 내가 알고 있는 짧은 식견으로 아동복지 현장과는 다르다고 생각했고, 무언가 치료를 하는 곳으로 설계되었다는 것은 직감적으로 알 수 있었다. 가장 두드러진 곳은 놀이치료실과 일방투시경이 설치되어 있는 관찰실이 가장 인상적이었다. 우리는 약 2개월간의 준비 기간 동안 최선을 다하여 건물 안에 집기와 소품을 마련하였고 함께 일할 상담원과 교사도 몇 명 채용하였다.

1988년 4월 13일 상담치료센터는 매스컴에 크게 보도되었다. 문제행동 아동과 청소년을 위한 전문치료기관이라고 방송이 되었던 것이다. 방송이 나가자마자 상담치료센터에 전화가 빗발치기 시작했다. "우리 아이가 손가락을 빠는데요. 어떻게 하면 될까요?" "머리를 벽에 계속 박는데요?" "눈을 마주치지 않아요…….." 등 빗발치는 전화를 감당할 수가 없었다.

이튿날, 처음으로 한 청소년이 아버지와 함께 상담치료센터를 찾아왔다. 그 아이는 키가 장대만큼 크고 얼굴은 백지장 같았으며 어깨가 축 늘어진 18세 남자 청소년이었다. 설상가상으로 이 아이의 주요 문제는 본드 흡입을 하는 것이고 심각한 중독 상태였다. 약 5년 정도 본드 흡입을 한 청소년을 어떻게 상담해야 하는지 구체적인 기법은 알지 못했지만, 상담과정 동안 오로지 존중의 태도를 보이고 믿음을 주어야 한다는 생각만 하고 있을 뿐이었다. 나의 10명의 동료들은 약 1개월간 아침에 일어나면서부터 잠잘 때까지 이 한 명의 청소년에게 집중했다. 우리 중의 한 사람은 청소년이 세수할 때 수건을 들고 서 있었고, 식사할 때 앞에 앉아서 도와주기도 했다. 또한 함께 탁구를 치고 이야기도 하고 농구도 했다. 이렇게 하면서 우리와 그 청소년은 가까워졌고, 믿음이 두터워졌다. 그러는 동안 그 아이의 얼굴은 발그스름해졌고 표정 또한 밝아졌으며, 드디어 나가서도 잘 지낼 수 있을 것 같다는 자신감을 갖고 새롭게 태어났다.

그 후 상담치료센터에는 본드나 부탄가스를 흡입하는 청소년들이 하나둘씩 들어왔고 상담치료센터는 본드, 부탄가스 등의 약물중독 청소년을 치료하는 곳으로 외부에 많이 알려지게 되었다. 한편 정서장애 아동들에게는 상담치료센터의 놀이치료가 알려지면서 점차적으로 통원 놀이치료를 하고자 하는 영세 가정의 아동들이 줄지어 기다리게 되었다.

어느 날 친구 수녀님을 만나 산책을 하던 중에 내가 초기에 개입하였던 본드 흡입 청소년 이야기를 들려주었다. 그 후 며칠이 지난어느 날 친구 수녀님이 다급한 목소리로 전화를 하였다. 예비자 교리를 받는 중에 한 18세 청소년이 성당 지하 화장실에서 본드 흡입을 하고 쓰러져 있다는 것이었다.

그 아이를 처음 보았을 때 이 청소년 역시 얼굴이 백지장 같았고바싹 마른 체구에 눈동자는 풀려 있었다. 그 아이의 말에 의하면, 본드를 하고 나면 성모님이 보이기도 하고, 그림을 그릴 때도 그림이훨씬 더 잘 그려진다고 했다. 나는 그 아이를 상담하기 위하여 상담실에 이젤과 줄리앙 상을 준비했다. 그림 그리기 좋아하는 그 아이의 장점을 활용해 함께 그림을 그리면서 상담을 하기 위해서였다. 그럼에도 불구하고 그 아이는 상담치료센터에 입소하는 것을 거부했고 일주일에 한 번씩 통원 상담을 하고 싶어 했다. 통원 상담을 시작한 그 아이는 상담을 마친 후 돌아가는 길에 본드를 샀고, 그전보다 더 심하게 본드를 했다. 그렇게 약 6개월이 훨씬 지났을 무렵, 그해 12월 13일 그 아이는 상담치료센터에 입소하겠다고 자발적으로 찾아왔다. 그 이유는 바로 다음 날이 기말고사이기 때문이었다. 사실 그 아이는 공부가 문제는 아니었다. 나는 당장 그 아이를 상담치료센터에 입소시켰다. 그러나 그날부터 그 아이는 이틀이 멀다하고 새벽 한두 시에 지하나 옥상에서 본드를 하고 쓰러져 있었다. 아이의 이러한 행동을 감당하지 못한 나는 이 아이가 이러다가는 죽을 것 같다는 생각이 들어서 부모님께 이 사실을 알렸고, 부모님은 이 아이를 병원에 입원시키게 되었다. 이전에도 이러한 이유 때문에 병원에 입원한 적이 많아서인지 이 아이는 다른 어느 것보다도 병원에 입원하는 것을 가장 싫어했다.

입원한 지 약 3개월도 되지 않은 3월 1일 오후, 상담치료센터로 전화가 왔다. 그 아이였다. 아이는 학교에 복학을 하기 위해 병원에서 나왔다고 한다. 내가 예상했던 대로 그 아이는 사흘도 안 되어서 본드를 다시 하기 시작했다. 병원에서 퇴원한 후 아이와 아버지, 어머니에게는 보이지 않는 전쟁이 시작되었고, 부모님은 그 아이를 24시간 살펴야만 했다. 그러다가 지쳐 버린 어머니는 내게 전화를 하여 울곤 하였다.

그러던 어느 날이었다. 4월 17일 내가 아침식사를 하려는데 그 아이의 어머니로부터 전화가 왔다. 어머니는 말없이 울기만 하였고 한참이 지난 후 아이가 보훈병원 영안실에 안치되어 있다고 말했다. 전날 밤 본드에 만취된 아이는 119 구급차로 병원에 이송되었고 한참이 지나 의식을 되찾은 아이는 자신이 병원에 있다는 사실에 급기야 자살을 한 것이다.

나는 아이의 부모님과 함께 용인 공동묘지로 향했고, 병풍처럼 펼쳐진 아름다운 골짜기가 보이는 양지 바른 곳에 아이를 안장하였다. 그때 난 "이제 내게 너와 같은 아이가 오면 포기하지 않겠다."고 그 아이와 약속을 하였다.

그 이후에도 본드, 부탄가스를 흡입하는 청소년들이 계속해서 상담치료센터에 찾아왔다. 나는 그 아이들을 놓치면 그 아이들도 돌아가서 죽을 것 같은 생각이 들었기에 한 명도 놓치고 싶지 않았다. 그렇게 아이들은 열두 명이나 되었다. 모두 16, 17, 18세의 청소년들이었다. 이 아이들은 상담치료센터를 휩쓸고 다녔다. 아침 기상 시간에는 일어나지도 않고 오후 2시가 넘어야 겨우 일어났다. 우리네 저녁식사가 그 아이들에게는 아침식사가 되었다. 더욱 큰 문제는 매일 새벽 2시경이 되면 음악을 크게 틀어 놓고 몰려다니면서 소리를 크게 지르고 뛰어 다닌다는 것이다. 서로 권투를 하면서 치고 받고, 장난친다고 하는 것이 보통 싸우는 장면을 연상케 한다. 어느 날은 담요로 가린 후에 고스톱을 하기도 했다. 하지만 아이들을 집에 보내면 먼저 그 아이처럼 될까 봐 아무런 프로그램이나 구체적인 방안이 없어도 그저 이 아이들을 보호해야 한다는 생각만 강했다. 매일 담배를 나누어 주면서까지 말이다. 아이들은 이런 나의 마음을 알기 때문에 어느 누구보다 나를 믿고 잘 따랐다.

그러다가 5월을 맞이하여 아이들이 스승의 날 행사를 하겠다고 했다. 나는 무척이나 기뻤다. 왜냐하면 아이들이 무언가를 스스로 한다는 것에 실낱같은 희망을 가질 수 있었기 때문이다. 아이들은 방문을 닫아 놓고 연습 중에는 들어오지 못하게 했다. 스승의 날 행사가 있기 이틀 전날 밤, 한 아이가 본드 흡입을 하다가 내게 발각되었다. 그리고 행사 하루 전날 밤, 또 한 아이가 부탄가스를 했다. '그래도 15일 행사는 해야 하니까……' 하는 마음으로 아이들을 달랬다.

아이들은 상담치료센터 선생님에게 15일 오후 5시에 스승의 날 행사를 한다고 공고했다. 춤과 노래, 연극을 준비했다고 하였다. 그러나 행사 당일 오전 11시 30분경 갑자기 한 수녀님이 급히 달려와 3층 복도가 이상하다고 했다. 뛰어 올라가 보니 아이들 숙소에 부탄가스 냄새가 베어 있었다. 그리고 아이들은 모두 바닥에 의식을 잃은 채 맥을 못 추고 있었다. 모두들 본드와 부탄가스에 만취된 상태였다. 나는 숙소의 창문을 모두 열어 놓고 사무실에 내려와 넋을 잃고 앉아 있었다. 그래도 오늘 오후 5시에 아이들이 준비한 공연은 해야 하는데……. 오늘 공연을 보기 위해서 전에 상담치료센터에 있다가 퇴소한 아이가 찾아왔다. 나와 함께 이 광경을 본 아이는 화가 나서 아이들 모두 체육실에 집합시켜 때리려 하였다. 오늘의 행사 진행을 걱정한 나는 그 아이에게 달려가 아이들을 때리지 못하도록 하였다. 드디어 오후 5시 행사 시작 시간이 되었다. 하지만 나는 이 행사를 보기 위해 자리해 준 직원들에게 얼굴을 들 수가 없었다. 정말이지 유치원 아이도 이보다는 나으리라. 무대에 아이들은 그냥 말없이 오르락내리락하면서 아직 본드가 덜 깬 채 왔다 갔다 하기만 했다. 연극의 제목은 '돌아온 탕자'라고 했다. 직원들은 기분 나쁘다는 듯이 모두 나가 버렸다. 나도 아무 말 없이 수녀원으로 향했다.

저녁 식사 후 난 너무 화가 나 당구실에서 부러진 당구 채 두 개를 찾아 양손에 쥐고 아이들 숙소로 향했다. "너희 오늘 제삿날이다." 씩씩거리면서 갔는데, 숙소 안에서 '퍽, 퍽' 매 맞는 소리가 났다.

아까 낮에 찾아온 형한테 맞는 소리인 것 같다. 속으로 "그래, 잘 때린다. 더 때려라, 나 대신 실컷 때려라……." 복도를 왔다 갔다 하는데 갑자기 이 아이들이 어떤 아이들인데 하는 생각이 났다. 나는 당구 채를 버리고 숙소로 뛰어들어가 그 아이의 매를 잡아채었다. 그러고 나서 털썩 바닥에 주저앉아 마냥 울기 시작했다. 아이들도 내 무릎에 머리를 묻고 함께 울기 시작했다. 한참을 울다가 부끄러운 생각이 들어서 아무 말 없이 슬그머니 내 방으로 왔다.

나는 그 당시 존경하는 사람이 있었다. 그들은 바로 상담치료센터 옆에 있는 고등학교 축구부 학생들이었다. 이 학생들은 새벽에는 조깅으로 시작하여 밤늦게까지 운동장에 불을 켜고 운동을 한다. 우리 아이들과 똑같은 나이인 그들을 보며 난 늘 창문 너머로 머리 숙여 존경을 표했다. 또 존경하는 사람은 매일 새벽에 미사를 마치고 돌아오는 길에 만나게 되는 단어장을 외우면서 학교에 등교하는 학생이다. 이렇게 스승의 날 행사를 망치고 또 아이들이 형에게 매를 맞고 나와 함께 울었던 그날 밤도 여전히 축구부 학생들은 밤늦게까지 운동을 하고 있었다.

그 이튿날 새벽 성당에 갔다 오는데 "하나, 둘." 축구부의 조깅하는 소리가 내 앞으로 들려왔다. '이상하다. 축구부가 오늘은 상담치료센터에 와서 조깅을 하나?' 점점 더 소리가 내 앞으로 다가온다. 우리 아이들이었다. 난 이것이 현실이라고는 상상할 수 없었다. 내 옆을 지나가면서 더 큰 소리로 구령을 붙이고 더 크게 소리 지르며 달렸다. 그리고 아침 식사를 마치고 숙소에 갔을 때 평소에는 한밤중이었던 아이들의 숙소에 큰 변화가 있었다. 침상이 깨끗하게 정리되어 있었고 벽에 붙은 커다란 모조지에는 '우리의 할 일'이라는 글이 적혀 있었다. 그것은 소위 말하는 시간표인 것이다. 공부도 하고 청소도 하고 그리고 맨 밑에 이런 표어가 있었다. '내가 하고 싶으면 네가 말려 주고, 네가 하고 싶을 때 내가 말려 줄게.' 상담치료센터에 기적이 일어났다.

상담치료센터에 청소년들의 첫 수업이 시작되었다. 나는 이 아이들을 데리고 산으로 들로 냇가로 다니면서 내가 어렸을 때 경험했던 놀이를 했다. 등산도 하고 고기도 잡고 캠프도 하였다. 아이들은 힘들어도 참으면서 잘 따라 주었다. 함께 집단상담을 하기도 하고 영화를 보기도 하였다. 그해 우리의 프로그램이 익어갈 무렵 〈로메로〉라는 영화가 있었다. 아이들은 집중해서 영화를 보았다. 영화를 본 후 모두 둘러앉아서 자신의 장래 희망에 대해 이야기하였다. 아이들에게 '꿈' 이 생긴 것이다.

그해 12월, 성탄제 때 부모님을 비롯한 여러 손님을 강당에 가득 모시고 지난 5월에 못했던 사물놀이, 기타 연주, 노래, 춤, 연극을 했다. 상담치료센터에서는 그날을 '참 좋은날 기쁜날' 로 이름을 정하고 20여 년이 지난 지금까지도 매년 12월이 되면 어김없이 축제를 연다. 그때마다 많은 방문객들이 놀랐고, 그보다 더욱 놀라는 것은 아이들 자신이었다. 이때 아이들에게 우리도 할 수 있다는 자신감이 생긴 것이다. 그 후 아이들은 각자의 길로 돌아갔다. 학교로, 집으로……. 그러던 중 한 아이가 상담치료센터에 머물게 되었다. 그 아이는 총명한 아이였다. 나 대신 또래상담자가 되어 주기도 했다. 늦은 밤 새로 들어오는 약물중독 청소년을 상담하기도 했다.

이 무렵 나는 청소년들과의 개별 상담에 한계가 왔다. 두세 번 만나면 할 말이 없다. 아이들도 참 쑥스러워했다. 그러던 중 우연한 기회에 대구대학교 송영혜 교수님과 일본으로 모래놀이치료를 보러 가게 되었다. 우리는 그 당시 모래놀이치료로 세계적으로 명성이 높은 일본 경도대학교의 가와이 하야오(河合隼雄) 교수님을 만나러 갔다. 나는 가와이 하야오 교수님과의 만남을 통해 모래놀이치료에 대하여 설명을 듣던 중에 궁금한 점이 있었다. "모래놀이치료……, 청소년도 되나요?" 이것이 나의 가장 큰 관심사였다. 교수님은 모래 놀이치료가 청소년에게 가장 좋은 방법이라고 하면서 청소년은 어떤 것도 안 되는데 그나마 모래놀이치료는 한다면서 가장 좋은 방법이 아니겠느냐고 반문하셨다.

　나는 교수님께 요청했다. 나 자신의 모래상자를 만들어 보고 싶었다. 우리는 밤 9시경 경도대학교 심리학부의 모래놀이치료 실습실에 갔다. 그곳에서 처음으로 모래상자를 직접 경험하게 되었다. 그 때의 느낌은 22년이 지난 지금도 생생하다. 내가 만든 첫 번째 모래상자는 한 폭의 그림 같은 내 마음의 세계였다. 나는 밤을 묘사했고, 어느 시골집에 초롱불이 켜 있었으며, 마당에 있는 펌프에서 물이 나오고 있었다. 멀리 기적을 울리면서 달려오는 기차도 있었다. 나의 모래상자를 보면서 감동이 전해져 왔다. 이런 나의 모래상자를 보면서 교수님께서는 내가 가지고 있는 에너지에 대해 긍정적으로 지지해 주셨다. 지금도 그 분의 한 말씀, 한 말씀이 되살아난다. 그 때 그 말씀은 내가 지금까지 모래상자를 할 수 있는 힘이었다. 그런 후 가와이 하야오 교수님과 지속적으로 모래상자와의 만남을 가질 수 있었다.

　나는 일본에서 돌아오자마자 길가, 문구점, 시장, 완구점에서 소품을 모으기 시작했다. 나의 작은 사무실의 진열장에 '세계' 라고 표현했던 나무, 사람, 공룡, 원숭이, 뱀, 비행기, 자동차 등을 보고 자신의 문제를 정리하고 아이들에게 또래상담자 역할을 했던 아이가 학원에 다녀온 밤에 모래상자를 만들기 시작했다. 이 아이와 나의 관계는 칼프 여사가 강조한 '모자 일체성(Mother-Child-Unity)'이란 신뢰관계였다고 생각한다. 그 이듬해 나는 가와이 하야오 교수님을 한국에 초청했다. 내가 실시한 모래상자에 대한 슈퍼비전을 가와이 하야오 교수님께 받았다. 나는 그때 가슴 깊숙한 곳으로부터 올라왔던 감동을 잊을 수 없다.

나는 드디어 모래놀이치료를 나의 인생에서 청소년을 만나 가는 상담기법으로 선점했고 모래놀이에 집중하기 시작했다. 그 이후 거의 해마다 가와이 하야오, 야스노부 오카다, 야마나카 야스히로, 가와이 토시오, 마사요시 히로나카 교수님을 비롯한 많은 일본 교수님들과 스위스의 루스 암만, 미국의 베티 잭슨, 사치코 리스, 그레이스 폴라드, 리 미셀, 도로시 모레나 등 정말 많은 국제모래놀이치료 정회원들이 한국을 방문하였다. 나는 일본 모래놀이치료학회에서 사례를 발표하기도 하였으며, 방학 때마다 일본으로 슈퍼비전을 받으러 다녔다. 한국모래놀이치료가 특별히 발전할 수 있었던 이유는 현재 일본의 문교대학교의 교수로 재직 중인 우종태 교수님 덕분이다. 우종태 교수님은 일본 교수님들과의 연계 작업과 한국모래놀이치료가 자리 잡을 수 있도록 공헌해 주었다.

나는 모래놀이치료를 하면서 내 삶의 방향과 방법을 찾아갈 수 있었고 온전하게 사랑하는 법을 터득하게 되었다. 모래상자는 그 자체가 신뢰다. 무조건 믿어 주는 것이다. 믿어 주면 상대방은 자신이 가진 모든 가능성을 발휘하고, 스스로 자신이 얼마나 소중하고, 가치 있고, 대단한 사람인지를 깨닫게 된다. 그렇게 위대한 사람이 되어 가는 내담자를 보면서 서로 감탄하고 기뻐한다. 물론 사회로부터 지위가 상승된 것도 아니고 주위 환경이 바뀐 것도 아니다. 다만 내담자의 내면이 치유된 동시에 성장한 것이다. 치료자와 내담자는 안다. 그들은 그 아름다움을 보았고, 그 둘만이 내면의 아픈 자리를 함께했고, 그래서 그들은 참으로 온전하게 사랑한 사람들이다.

이 책에 소개된 사례는 온전하게 사랑하는 마음으로 전개한 모래놀이치료다. 이 사례의 주인공들은 지금도 내 마음속에 진주로 남아 있다. 지금은 각자가 주어진 현실에서 혹 오늘도 고뇌하고 힘든 나날을 보낸다 하더라도, 그들이 자신의 내면에서 일어나고 있는 모든 것을 대면하리라는 것은 믿어 의심치 않는다. 왜냐하면 그들에겐 충분히 그러한 용기가 있기 때문이다.

나는 이 책을 쓰기 위해 많은 시간을 고민하였다. 그리고 앞으로 모래놀이치료를 하고자 하는 사람들과 그들의 내담자들을 위하여 이 글을 쓰기로 결심하였다. 이번 개정판을 내면서 그동안 부족했던 부분을 보완할 수 있는 기회라고 여기고 보충을 하였다. 내가 이 책을 시작할 수 있도록 동기를 부여하고 용기를 갖게 해 주며 지지해 주고, 원고를 꼼꼼히 읽어 주며 조언을 아끼지 않은 이성규 선생님은 지금 미국 유학을 거의 마치고 돌아오는 길이다. 이 개정판은 한국모래놀이치료 학회원들이 공부하는 데 도움이 되도록 1판의 내용을 다시 정리한 것이다.

최근 우리나라에서도 상담을 하는 많은 사람이 모래놀이치료에 관심을 갖기 시작했다. 2004년 3월 7일 가와이 하야오 교수님을 모시고 한국모래놀이치료학회 창립기념 학술대회를 열었다. 학술대

회 때 플루트로 아리랑을 불어 주시던 교수님……. 그 감동은 교수
님과 함께 아직도 내 마음속에 남아 있다. 가와이 하야오 교수님께
서는 작고하셨다. 이 책에는 그분의 슈퍼비전이 실려 있어서 더 귀
하다. 스위스의 도라 칼프에 이어 일본의 가와이 하야오 교수님과
모래놀이치료는 특별한 인연이다. 물론 한국의 모래놀이치료는 가
와이 하야오 교수님과도 큰 인연이라고 할 수 있다.

　특별히 사람을 사랑하는 큰 뜻을 품고 상처받은 사람을 위한 심리
치료에 신념을 갖고 출판하려 애쓰시는 학지사의 김진환 사장님께
감사드린다.

　'모래놀이치료' 너무 감사하다. 모래놀이치료는 내가 오늘 아이
들과 함께할 수 있도록 끈을 이어 주는 내 인생에서 가장 중요한
부분이다. 이 개정판은 나의 가장 소중한 아이들과 사랑하는 동료
들 그리고 세상에서 가장 가엾은 아이들을 기억하면서 그들에게
바친다.

2011년 8월
김보애 안나 수녀

추천사

　시립아동상담치료센터 센터장이신 김보애 수녀님께서 『모래놀이
치료의 이론과 실제』를 출판함에 있어 본인이 이 글을 쓰게 된 것에
대해 매우 영광스럽게 생각한다.
　모래놀이치료는 스위스의 융(C. G. Jung) 학파 분석가인 도라 칼프
(D. M. Kalff)가 창시한 심리치료의 한 기법이다. 원래 런던의 소아과
의사인 로웬펠드(M. Lowenfeld)가 '세계기법(The World Technique)'
이라는 상자 속에 여러 가지 장난감을 놓게 하는 심리치료법을 실시
하고 있었는데, 칼프는 거기에 힌트를 얻어서 보다 여러 본질적인
점에 주목하여 이를 새로운 기법으로 발전시켰고, 그것이 현재 전
세계에 보급되고 있다.
　이 기법의 근본은 치료자와 내담자의 깊은 관계가 존재한다는 점
이다. 칼프는 이것을 '모자 일체성'이라고 표현하기도 하는데, 치료
자와 내담자 사이에 그 같은 관계가 형성되면 내담자의 자기치유력

이 스스로 활성화되어 모래상자 속의 작품으로 표현된다. 이 모래 상자의 이미지를 이해하기 위하여 융의 심리학을 사용하기로 생각한 것도 칼프의 공적이다.

이와 같은 칼프의 생각에 나도 동감하며, 칼프로부터 직접 가르침을 받은 뒤 그것을 1965년 일본에 소개하여 오늘날 일본에서는 대단히 성행하기에 이르렀다. 일본 모래놀이치료학회 회원은 벌써 1,300명을 넘을 정도로 성장하였다.

나는 한국에서도 모래놀이치료에 대한 강연이나 연수를 실시한 바 있다. 그때 시립아동상담치료센터에서도 실시하였다. 그 후로 한국에서 여러 차례 초대를 받아 연수회에 참가하였는데 행사에 참가하신 분들의 열성과 성실한 태도에 깊은 감명을 받았다.

김보애 수녀님께서 그 후로 모래놀이치료의 경험을 쌓고 그것을 바탕으로 모래놀이치료의 서적을 출판하게 된 것은 더없는 기쁨이다. 여기에 발표된 사례는 나도 본 적이 있으며 일본 모래놀이치료학회에서 발표된 것도 있다.

사례 연구는 하나의 사례로부터 많은 점을 배울 수 있다는 점이 특징이다. 나는 이 책이 한국 모래놀이치료의 발전에 크게 기여하리라는 것을 확신한다. 이 책을 한국의 임상심리나 심리치료 등 사회복지 현장에 관심이 있는 분들에게 널리 추천하는 바다.

2003년 3월 1일

가와이 하야오

차 례

제1부 모래놀이치료의 이론

제1부

모래놀이치료의
이론

제 1 장

로웬펠드의 모래놀이치료

런던의 소아과 의사인 로웬펠드(Lowenfeld M.)는 1929년에 처음으로 어린이를 위한 심리치료를 발표하였다. 그 당시 어린이를 위한 심리치료는 멜라닌 클라인(Klein M.)이나 안나 프로이트(Freud A.)와 같이 정신분석이론에 기초를 둔 아동 분석이 성행하고 있었는데, 이 정신분석의 방법이 지나치게 프로이트의 이론에 맞추어서 해석한다고 로웬펠드는 비판하였다. 그래서 '해석이나 전이 없이 치료할 수 있는 방법으로 모래놀이를 생각해 낸 것이다.'라고 말하고 있다.

어린이는 어른들과는 달리 '사상, 감정, 감각, 관념, 기억이 불가사의하게 엉켜져 있다.'라고 말할 수 있으며, 이것들을 충분히 표현하기 위해서는 '시각뿐만 아니라 촉각과 같은 감각의 요소'를 모두 발휘할 수 있는 기법이 필요하였다. 로웬펠드는 이 기법이 어린이들의 내적 세계의 표현을 가능케 한다는 뜻에서 '세계(The World)' 또는 '세계 기법(The World Technique)'이라 불렀다(동부아동상담소,

우종태, 2000, pp. 6-7). 그녀는 『세계 기법』(1979)에서 아동의 '세계'라는 진열장의 소품들은 이미 완전한 원형적 상징으로 활짝 꽃피어 있다고 보았으며, 세계 기법은 융 학파의 이론과 가장 잘 어울린다고 생각했다.

로웬펠드는 아동이 가지고 있는 문제를 보여 주기 위해 말하기보다는 보여 주는 것을 가능하게 하는 방법을 찾으려고 노력하였는데, 처음에는 그녀 자신도 치료적 기법으로서의 모래놀이에 대해 확신하지 못하고, 다만 발달과정에 있는 아동들에게 가지고 놀 수 있는 모래와 장난감을 제공할 때 신체적인 질병도 빨리 나을 수 있다는 생각으로 시작하였다고 한다. 그녀는 단지 아동이 모래를 가지고 만드는 것에 대해 기록하고, 꾸며진 장면들에 대해 질문을 하는 관찰자였을 뿐이라고 하였다.

로웬펠드는 아동이 모래와 모형물을 가지고 노는 것에 관하여 연구를 하였는데 '모자이크 테스트(Mosaic Test)'라는 진단적 도구를 개발했다. 이 테스트는 여러 가지 모양, 크기, 색깔을 가진 플라스틱 타일을 이용하여 작품을 만들게 하는 것이다. 로웬펠드는 아동이 만든 모자이크를 분석하여 그 아동이 만든 모래 세계 작품과 비교해 보았다. 이러한 작업을 통해 로웬펠드는 그 아동의 내면 상태를 분명하게 알아낼 수 있었다. 또한 그녀는 "세계란 장치는 표현을 이끌어 내는 힘이다."라고 주장하며 '다차원적인 자연과 그것이 제안하는 역동적 가능성, 지금까지 알려지지 않은 마음의 현재 상태를 위한 일련의 장치의 힘 그리고 그것의 독자적 능력'이 세계 안에 있다고 주장하였다(Carey, 1999, pp. 38-39).

그 당시 로웬펠드를 만난 임상가들은 그녀로부터 많은 영향을 받왔다. 그중 모래놀이를 발전시킨 대표적인 사람은 도라 칼프(Kalff D. M.)다. 칼프는 융으로부터 로웬펠드를 소개받아 로웬펠드의 방법을 발전시켰는데, 하나는 치료자와 내담자와의 관계에 주목했다는 점이다. 이는 모래상자를 만들게 하는 것은 간단하지만, 그 사람 자신의 내면을 표현한다는 것은 안정된 기반이 없으면 불가능한데 그 기반이 되는 것이 치료자와 내담자와의 관계다. 두 번째는 융의 분석심리를 이론적 배경으로 하여 모래상자의 표현을 상징적으로 해석하는 길을 열었다는 점이다.

치료자와 내담자가 '모자 일체성'의 신뢰 있는 관계가 성립되면 내담자는 내면의 콤플렉스를 많은 상징들을 함축하고 있는 소품으로 모래상자에 쏟아낸다. 이는 내담자 무의식의 심리적인 내용들이 마치 은하수가 흘러나오듯, 자아동조적인 듯이 모래상자 안에 펼쳐지고, 내담자와 치료자는 함께 보면서 자신의 그동안의 무의식에 있던 천연자원들을 의식의 자아가 알아채는 순간 의식화되는 과정을 경험하게 된다. 이를 통하여 내담자는 자신의 내면의 신성한 힘, 자가치유력에 의해서 스스로 치유하는 동시에 성장하는 것이다.

제 2 장

융의 모래놀이치료

융(Jung C. G.)의 모래놀이치료와의 인연은 칼프를 만나면서 시작
되었다. 융이 칼프의 별장 근처에 손자들을 데리고 피서를 한 적이
있었다. 융의 손자들은 칼프 집에 자주 놀러 갔었는데, 이때 그의 손
자들이 대단히 좋은 영향을 받았다는 것을 알게 되었다. 융과 모래
놀이치료의 가장 큰 핵심은 상징과 이미지 그리고 무의식이다.

1912년 융은 볼링겐(Bollingen)의 호숫가에서 주워 모은 바위와
돌을 가지고 모형 마을을 건축하기 시작했다. 이런 행동은 그에게
환상에 대한 흐름을 인식하게 해 주었으며, 이에 대한 자신의 느낌
을 기록해 나갔다. 1959년 그는 아동의 원형에 대하여 버림받거나
위험에 노출되어 있는, 그리고 강력한 힘에 억눌러 있는 '아동'은
모두 막연하고 애매한 출발을 보여 주지만 승리에 찬 형태로 끝맺는
특성이 있다고 말하였다. 인간 내에 있는 '영원한 아동'은 말로 설
명하기 힘든 경험이나 부조화, 장애 등을 갖고 있으나 인성의 최고
의 가치 혹은 인성의 무가치성을 결정하는 수많은 신성한 특권도 가

지고 있다(Carey, 1999, p. 44).

융은 두 번의 우울한 시기를 경험하였는데 아동기 때 학교 방과 후에 폭행을 당한 후 학교를 가려 하면 졸도를 하여 등교가 어려웠다. 그 후 융은 1년간 휴학을 했고 들이나 물가에서 놀이를 하면서 막대기를 깎아 작은 마네킹을 만들었다. 파란 코트를 입혀서 자신 내면의 친구로 삼고 자신의 무의식에서 올라오는 대화를 하면서 자아를 튼튼하게 성장시켰다. 파란 코트의 작은 친구가 심심할까 봐 주운 돌을 예쁘게 색칠해서 친구로 삼게 해 주고 그 돌도 융의 친구가 된다. 이렇게 융은 아동기에 우울한 정서로 심약했던 자아를 확립했다.

성인이 된 융은 또 한 번의 심각한 우울 시기를 경험하였는데, 이는 프로이트와의 결별 후다. 융은 자신의 모든 것을 내려 놓고 침잠의 시기로 들어간다. 그때 오후에는 호숫가로 나와서 모래밭에 무언가 손이 가는 대로 그림을 그린다. 융은 이를 훗날 '한가한 놀이'를 했다고 회고한다. 이렇게 융은 파란 코트와 예쁘게 색칠한 돌은 상징과 이미지를, 모래는 자신의 마음을 쏟아 놓는 하나의 장소로, 그리고 손으로 무의식에서 올라오는 것을 경험한 것이다.

또한 모래놀이는 손으로 하는 것이 중요하다. 손은 우리의 신체와 정신을 연결하는 교량의 역할을 한다. '손은 지성이 모르는 것을 알고 있다.'라는 융의 표현은 마음 깊이 공감된다. 우리도 사랑스럽고 예쁜 아이나 귀여운 애완동물을 보면 자신도 모르게 쓰다듬어 준다. 그러나 마음에서 불편하고 거부적일 때는 손을 밀치는 경험을 자주 하였을 것이다. 손은 마음과 가까이 있다. 그래서 손이 모래를 만지고, 손이 소품을 가지고 오면서 깊은 무의식의 상징들이 모래상자 안에 표현되는 것이고 표현된 모래상자를 바라보면서 비로소 숨어 있었던 내면의 마음을 알아차리게 되는 것이다.

인간의 마음과 모래놀이치료

융은 인간의 마음을 의식과 무의식으로 보았다. 의식은 피부와 같이 정신의 가장자리다. 의식은 내가 알고 있는 세계다. 내가 가지고 있으면서 내가 아직 모르는 세계가 무의식이다. 의식의 조정자 역할을 하는 것이 자아다. 자아(ego)보다 더 큰 심리적 내용은 자기(self)다. 자기는 의식과 무의식을 통틀어 우리 정신의 중심 핵이다.

의식은 내가 지금 생각해 낼 수 있는 모든 것을 말한다. 지금의 생각이나 느낌, 나의 신념이나 내가 지금까지 살아오면서 기억해 낼 수 있는 나의 과거 그리고 현재 내가 알고 있는 것의 모든 것이다. 여기서 나는 자아를 말한다. 바로 의식은 자아를 통해서 알아차릴 수 있는 것이고 자아가 알고 있는 것이 서로 작용해서 연상해 낼 수 있는 정신적 내용이다.

자아는 의식의 중심에 있다. 의식은 마치 피부와 같은 표면이고 자아의 땅이다. 자아는 의식에서만 활동할 수 있다고 할 수 있다. '자아'는 대단히 중요하다. 인간에게 소중한 것은 자아의 탄생이다. 자아의 탄생은 한 인간에게 대단한 일이다. 이를 표현한 신화를 '창조신화'라고 한다. 이는 한 인간의 창조가 창출되는 신화라는 것이다.

의식의 자아는 무의식의 내용을 무의식의 어둠의 세계에서 끌어

당기는데, 의식의 자아와 무의식은 지남력이 있는 듯하다. 동시에 자아는 외부의 여러 인상들도 끌어당겨서 무의식과 연결한다. 자아가 무의식의 내용을 끌어당겨 외부와 관련을 맺을 때 무의식은 의식이 된다. 또한 의식의 내용이 내부로 잠길 때 무의식이 된다. 무의식은 의식의 밑에 있는 끝없는 미지의 영역이다.

융은 자아, 즉 내가 아는 세계가 의식이라고 한다면, 내가 가지고 있으면서도 아직 모르는 모든 정신 세계를 무의식이라고 하였다. 모래놀이치료는 바로 의식에서 억압한 무의식의 내용들이 다시 의식에 불쾌한 감정을 불러일으키고 정서적·행동적으로 부적절한 상태에 있을 때 상징과 이미지로 모래상자에 표현함으로써 의식의 자아가 알아채면서 의식화되고, 의식화됨으로써 편안해지는 과정이다.

또한 융은 무의식을 개인적 무의식과 집단적 무의식으로 구분하였는데, 먼저 개인적 무의식은 한 인간이 태어나면서 살아오는 과정 중에 의식에서 무의식으로 내려간, 다시 말해 억압을 하면서 이루어진 층을 말한다. 집단적 무의식은 태어나면서 가지고 나온 선험적으로 받은 유산으로 의식과는 거리가 먼 태곳적의 이야기들이 숨겨진 곳이다. 특히 집단적 무의식은 원형과 본능으로 되어 있다고 한다.

원형은 선험적인 틀, 그릇으로 이해해도 좋을 것이다. 원형은 이미지나 상징으로 드러난다. 본능은 욕구로 신체적인 반응과 밀접한 듯하다. 그러나 원형과 본능은 한 통로다. 융은 원형과 본능을 구성하고 있는 것을 콤플렉스라 했다. 콤플렉스는 우리의 꿈에 출현하는 꿈의 등장인물과 배경이다. 이와 유사한 것이 모래놀이치료다. 그래서 모래놀이치료를 눈을 뜨고 꾸는 꿈이라고도 한다.

　모래상자에는 이렇게 무의식에 억압되었던 심리적인 내용들과 깊은 집단적 무의식에서 아직 자아가 알지 못하는 마음의 일부분이 동물, 식물, 광물 등의 상징으로 드러난다. 자아는 대부분 드러난 상징들을 모른다. 그래서 치료자와 내담자는 서로 모르는 마음을 겸허한 자세로 대하면서 의식화시키기를 염원하는 것이 모래놀이치료다.

　무의식은 자아가 모르는 세계다. 자아는 외부 세계, 즉 집단과 연관하는 데 성실하다. 그러나 그와 못지 않게 성실성을 발휘하여야 하는 것이 그의 내부 세계인 무의식과의 관계다. 의식의 자아가 일방적으로 외부 세계에 몰두되어 있으면 내부 세계인 그의 무의식은 결코 가만히 있지 않는다. 왜냐하면 그의 무의식은 끊임없이 자아와 만나기를 열망하고 있기 때문이다.

　그 세계, 자아가 모르는 세계를 '미지의 정신 세계'라 부른다. 무의식이 어둠의 세계, 즉 의식의 자아의 통제 밖에 있다고 해서 불쾌하게 생각하면 큰일이다. 사실 무의식은 혹이 아니고 샘물과 같이 인간의 무궁무진한 것을 내포하고 있는 가능성이다. 마치 바닷속, 깊은 숲 속, 하늘나라와 같은 것이다. 지금 내가 서 있는 땅이 아닌 곳인 무의식은 아직 드러나지 않아서이지 어마어마한 천연자원이 저장되어 있다. 그 안에도 문화가 있는 듯하다. 많은 주민들이 살고 있는 도시가 있고, 모성, 부성, 어린이, 영웅들을 포함한 무수히 많은 원형들이 살고 있다. 다만 아직 탐험하지 못한 미지의 세계라서 자아는 그 세계에 대하여 알지 못할 뿐이다. 그 세계는 모든 것이 긍정적일 수 없고, 모든 것이 나쁘고 부정적일 수는 없다. 다만 자아를 통해서 표면으로 드러날 때 변화하고 변형된다. 바로 무의식의 세계가 밖의 세계로 투사되는 것이다. 무한한 가능성으로 향하는 에너지가 저장되어 있는 곳, 자아가 떼어 버리거나 없애야 할 성질의 것이 아니라 생명의 원천이며 창조적 가능성을 지닌 곳, 그래서 자아가 무의식은 방어해야 할 위험한 충동이기보다는 체험하며 의식으로 동화해야 할 것들이다.

무의식을 진지하게 취급하고 무의식으로부터 올라오는 불쾌한 감정들을 대면하고 고심하는 대단한 용기를 필요로 한다. 우리는 무의식에 대하여 너무도 가볍게 취급하고 무시하는 경향이 많다. 우리는 너무나도 나태하고, 우리가 무의식적으로 하고 있는 행동의 도덕적인 면에 관해서조차 생각해 보지 않는다. 따라서 우리는 나의 무의식이 어떻게 나에게 영향을 미치느냐에 대해서는 부지런하게, 그리고 진지하게 대면해 나아가야 할 것이다.

융은 무의식을 개인적 무의식과 집단적 무의식으로 말했다. 첫째, 개인적 무의식은 한 사람이 자신의 부모님의 기질을 받고 태어나서 성장하는 동안 경험하는 개인 내적·외적 경험들로 지금 현재 기억해 낼 수 없는 무의식을 개인적 무의식이라고 한다. 다시 말해서 지금 잊어버린 체험들이 현실 세계의 도덕관이나 가치관 혹은 현실에 어울리지 않아서 억압된 모든 내용들, 생각하고 싶지 않아서 고의로 억압시켜 버린 심리적 내용들이다. 즉, 의식에 도달하기에는 강도가 미약한 심리적인 내용들이다. 다시 말해서 개인의 특별한 체험과 관련되어 개인의 성격상의 특성을 이룬다. 이러한 특수한 개인의 경험은 각 개인에 따라 다르다는 측면에서 개인적 무의식이라고 한다.

둘째, 집단적 무의식은 인간이면 누구에게나 보편적으로 존재하는 보편성을 띤다. 종교, 인종, 나라, 지역 간의 공감대 형성을 해 나가는 것을 말한다. 때로는 문화나 인종의 차이와 관계없이 가장 원초적인 행동 유형이 설명되고, 신화를 창출한다든지, 세계를 통해서 심리적 교류를 하는 인간 마음속의 종교적 원천은 집단적 무의식의 예로 들 수 있다. 이러한 종교적 원천은 선천적으로 존재하고 시공을 초월한 모든 인간에게 있어서 보편적인 성격을 띠고 있기 때문에 집단적 무의식이라 부른다. 융은 제1차 세계 대전을 자신의 꿈을 통해서 예시하였고, 그 후 포로 수용소의 소장으로 있을 때 많은 불안에 휩싸여 있었다. 융은 동그라미를 그리면서 마음의 평안을 찾아갔다. 즉, 만다라를 그린 것이다. 융은 전쟁이 끝나고 인도 여행을 할 때 불교 사찰에 만다라를 그리며 수행을 하는 수도자와 사찰 안의 만다라를 보면서 깊은 인간 내면의 세계는 동서양의 구분 없이 공존한다는 것에서 집단적 무의식을 경험했다.

또한 아프리카 케냐를 방문했을 때 아이들이 돌을 가지고 놀이하는 것을 보고, 자신이 어린 시절에 예쁜 돌을 가지고 이야기를 하면서 놀이했던 기억을 떠올리면서 집단적 무의식을 경험했다. 융의 분석심리는 개인적 무의식, 집단적 무의식 그리고 모래놀이치료와 불가분의 관계가 있다. 모래놀이치료를 진행하는 과정에 내담자들의 개인적 무의식의 통로로 모래상자는 대단한 역할을 한다.

지금까지 모래놀이치료는 내담자 자신의 공포, 불안, 신체화 증상, 아동의 틱 행동, 우울한 감정 등을 긍정적이면서 창조적으로 내담자가 적극적인 삶을 살아갈 수 있도록 촉매제의 역할을 해 왔다. 내담자들은 개인적 무의식의 충동, 감정의 억압으로 인하여 자아는 불안, 공포, 강박적 사고나 행동 등에 동조된 상태로 힘겨워한다. 많

은 내담자들이 개인적 무의식이 모래상자 안에 펼쳐지면서 내적인
여행을 한다. 이때 많은 도움을 받는다.

　그러나 집단적 무의식은 모래놀이치료로 불가능하다. 집단적 무
의식과 관련된 것은 원형의 출현이다. 자아의 상실로 인하여 통제
가 불가능할 것이다. 아마도 모래상자를 뒤엎을 것이다. 선반에 수
많은 소품들을 쓸어 버릴지도 모른다. 그리고 아무런 변화도 기대
할 수 없다. 왜냐하면 자아의 기능이 전혀 발휘되지 못하기 때문이
다. 이 상태에서 자아는 의식을 전혀 통제하지 못한다. 그러므로 집
단적 무의식에 문제가 있는 내담자는 모래놀이에 접근하지 말아야
한다. 위험하다. 오히려 그 내담자를 악화시키는 일이다.

　의식을 통제하는 것이 자아라면, 무의식의 중핵을 자기(self)라고
한다. 자기는 우리 마음의 규칙성을 주는 조직화의 중심이고, 마음
조직의 핵원자처럼 모든 꿈을 창출하고 조직하는 꿈의 원천이다.
특히 자기는 마음의 전체성이다. 즉, 마음의 일부만을 형성하고 있
는 자아와 구별된다. 자아를 넘어선 훨씬 큰 개념이다.

　인간은 고대로부터 지금까지 내적인 중심 존재를 직관적으로 인
지해 왔다. 고대의 그리스 사람들은 자기를 '인간 내부의 다이몬'
이라 했고, 이집트 사람들은 '바의 넋'이라 했다. 유목민인 나스카
피 인디언은 '위대한 사람, 이스터페오'라고 하고 자신들이 어디에
천막을 쳐야 양떼들이 먹이인 풀밭을 찾을 수 있는지 알기 위해 마
음 내부의 안내자인 자기에 귀 기울였다. 꿈은 그들에게 푸른 목장
을 안내하였고, 그들 내부의 인격에 끊임없는 발전과 성숙으로 인도
하는 조정의 중심으로서 자기를 제시하였다. 이것은 현실로 실현될
가능성은 극히 드물다. 이는 자아의 몫이다.

자기실현이 어느 정도 발전해 가는 것은 자아가 자기로부터의 메시지에 기꺼이 귀를 기울이는가의 여부에 달렸다. 자아는 전체성의 현실화에 최대한 힘쓴다고 한다. 이는 자아가 마음의 전체 조직에 불을 켜고 의식화하며 현실화시키는 일에 조력하기 때문이다. 이를테면 아무리 예술적인 재능을 지니고 있다 하더라도 자아가 의식하지 않는다면 그대로 사장되는 것이다. 자아가 인정할 때만이 현실화될 수 있다. 예를 들어, 소나무 씨는 미래의 소나무로서 모든 것을 가지고 있으나 잠재적인 모습으로 드러나지 않고 있을 뿐이다. 그러나 개개의 씨는 어느 때 어떤 장소에 떨어진다. 그곳에는 토양이나 석질이나 토지의 경사 및 햇빛과 바람을 타는 정도 등 갖가지 특수한 요인이 있다. 씨 속에 있는 소나무의 잠재적인 전체성은 이러한 상황에 대해 돌을 피하든가 태양 쪽으로 기울든가 하여 실재화하고 그 전체성의 충족을 이룩하며 현실세계에 모습을 나타낸다. 이 실재의 나무가 없이는 소나무의 이미지는 한낱 가능성이고 추상적인 개념에 지나지 않는다(이부영, 1988).

모래놀이치료는 모래상자 안에 펼쳐지는 무의식의 콤플렉스가 흘러나온다. 마치 드라마나 행위예술처럼 한 편의 연극이 펼쳐지는데 회기 안에서도 도입부부터 클라이막스와 종결부까지 동시에 상담 전 회기에 걸쳐서도 같은 맥락을 볼 수가 있다.

콤플렉스와 모래놀이치료

콤플렉스는 우리의 정신인 의식과 무의식을 구성하고 있는 심리적인 내용이다. 콤플렉스는 사고의 흐름을 막고 당황하게 하거나 분노에 차게 만들거나 때로는 아픈 자리를 찔러서 목메게 하는, 자아가 전혀 통제할 수 없는 감정의 덩어리로 인간의 부분 인격이다. 콤플렉스는 아픈 자리에 있기 때문에 열등감과 동일시하는데 꼭 그렇지만은 않다. 콤플렉스는 의식의 자아를 자극할 때 불쾌한 반응을 일으킨다. 콤플렉스는 우리의 꿈속에 등장하는 등장인물들이고, 등장하는 모든 배경이며, 움직이는 동물, 식물, 광물의 형태를 띠기도 한다. 모래상자 안에 펼쳐지는 상징들이다.

우리는 태어나서 지금까지 무수히 많은 체험을 한다. 그 무수한 체험은 무수한 콤플렉스를 만들어 낸다. 그러므로 콤플렉스는 열등감뿐 아니라 희로애락 모든 감정 작용을 일으킨다. 융은 콤플렉스란 감정적으로 강조된 심리적 내용으로 어떤 일정한 군집이라고 말한다. 즉, 인간의 마음속에는 여러 개의 '나'의 분신이 있는데, 일상적인 현상을 관찰하거나 정신 병리적인 해리 현상을 통해서 볼 수 있다고 한다. 또한 콤플렉스의 작용을 자세히 관찰하면 그것이 마치 그 자체의 의지를 가지고 있는 것처럼 작용한다고도 말한다.

콤플렉스는 꿈에 나타나서 행동하는 사람들인데, 그것은 콤플렉스가 인격화한 것, 다시 말해서 인격상으로 나타난 것들이다. 콤플렉스란 누구에게나 절대적으로 선결된 것으로서 정신적 체질이다. 또한 융은 누구도 자신의 콤플렉스를 외면할 수 없다고 했다. 그것은 콤플렉스가 그를 외면하지 않기 때문이다. 오히려 콤플렉스는 정신 현상을 서로 연결 짓고 갈등을 일으키게 하여 생동적인 움직임을 정신에 부여하는 '매듭'과 같은 것으로서 정신의 활동을 활발하게 한다. 무의식으로 통하는 길은 꿈이 아니라 콤플렉스이고, 콤플렉스가 꿈과 증상을 만들어 내는 것이다. 종종 콤플렉스에 사로잡히는 현상이 있는데 이것은 자기도 모르게 자아가 콤플렉스에 동화되는 경우다. 융은 "사람들은 자기가 콤플렉스를 가지고 있다는 것을 안다. 그러나 콤플렉스가 그를 가지고 있음을 모른다."고 말한다.

꿈속에 등장하는 인물이 콤플렉스이듯이 모래상자에 등장하는 인물, 동물, 식물, 광물이 콤플렉스다. 모래상자에 등장하는 많은 상징들은 자아와 인사하고 싶어 한다. 단지 자아가 모르는 척하기 때문에 서로 서먹서먹한 것이다. 이때 치료자는 중간 매개자가 되어 주기도 한다. 가끔은 내담자의 자아와 내담자 안에서 늘 자아와 함께 있었지만 자아가 몰라본 콤플렉스를 내담자에게 소개시켜 주기도 한다. 치료자는 내담자의 모래상자 안에 펼쳐진 내담자의 세계를 내담자에게 안내해 달라고 요청한다. "함께 볼까요? 여기에 초가집이 있네요. 초가집에 작은 아이가 혼자 있네요? 아…… 저쪽 옆에 강아지가 있군요." 내담자는 치료자가 자신이 만든 모래상자를 감상하면서 건네주는 간결하면서도 있는 그대로의 표현에 자신의 무의식의 콤플렉스가 마구 흔들리는 것을 경험한다. 콤플렉스는 자아가 알아차리는 순간 비로소 울기도 하고, 웃기도 하고, 추억에 잠기기도 하고, 아픈 상처에 분노하기도 하면서 몸부림치기도 한다. 바로 이 순간이 자아와 콤플렉스가 만나는 순간이며 이들이 서로 인사하면서 알아보고 부둥켜 안으면서 이들은 점차 친밀해진다. 이들은 비로소 변형된 모습으로 몰라보게 바뀐다. 처음에 서먹했을 때 너무 무서워했고 나쁘다고 생각했던 것들이 알고 보니 그렇지가 않았고, 오히려 창조적으로 바뀌어 간 것이다. 이러한 것에 대한 경이로움과 감동은 이들에게 죽을 때까지 잊을 수 없는 순간이 된다.

　융은 콤플렉스를 의식화한다는 것을 개성화 과정에 중요한 과제로 보고 콤플렉스가 의식을 자극하는 것은 불쾌하지만 이것은 콤플렉스가 의식 속에 받아들여지기를 원하는 데서 생기는 것이므로 검은 그림자인 콤플렉스는 자아를 해치려고 하는 것이 아니라 벗이 되기를 간절히 원하는 원의이므로 무의식의 콤플렉스를 깨닫기 위하여 불쾌감과 고통을 감수하는 용기가 필요하다고 역설한다.

　우리는 다소 콤플렉스 공포를 가지고 있다. 제대로 받아들여지기를 요구하는 데서 생기는 것이다. 꿈에서 나를 쫓아오는 검은 그림자란 반드시 나를 해칠 목적이 있어서가 아니라 나와 가까워지기를 바라는 무의식의 콤플렉스인 것이다. 그러므로 무의식의 콤플렉스를 깨달으려면 불쾌감과 고통을 감수하는 용기가 필요하다. 융은 사람들이 가지고 있는 콤플렉스에 대한 공포감은 결국 낯선 것, 이상한 것, 새로운 것에 대한 공포감이라고 한다. 자아는 마치 어떤 새로운 사상, 새로운 학설, 새로운 유행이 들어왔을 때 보수적인 사회가 보여 주는 공포감과 의혹, 불신감과 같은 것을 말한다고 한다. 보통 불쾌하니까 없애든지 외면하고 편견을 갖는다. 이것은 콤플렉스의 저항이라고 할 수 있다. 콤플렉스는 일시적으로 의식 표면에 억압할 수는 있다. 그러나 콤플렉스는 생명의 일부이고 부분인격이기 때문에 없앨 수는 없다. 그러므로 콤플렉스를 깨닫고 의식화하는 작업은 쉽지 않으나 이를 공포나 의혹의 대상으로 간주하기보다는 다 알 수 없다고 보고, 언제나 모르는 부분이 남아 있다는 것을 전제하여 무의식을 남김 없이 파헤치려고 하지 말며, 콤플렉스에 도취되지 말고 이를 구별하는 것이 중요하다.

　모래놀이치료는 바로 내담자가 자신이 도취되어 있는 콤플렉스를 구별하게 하는 것이다. 콤플렉스 공포에 사로잡히면 자아는 늘 무서워서 벌벌 떤다. 이 세상에서 자신이 가장 자랑스럽게 여기는 교만 콤플렉스는 머지 않아 바람이 많이 들어간 풍선이 되어 더 들어가는 바람으로 인하여 푸르르 바람이 빠져 버리거나 뻥 터져 버리는 난감한 상황이 도출되기도 한다. 가끔 콤플렉스는 나오면 안 되는 연출 장면에 불쑥 나와서 감독과 다른 출연진들을 놀라게 한다. 자신이 그 시간에 나오면 안 되지만 막을 길이 없는 충동으로 자아 동조적이 되어 버린 순간이다. 그렇듯이 콤플렉스는 자아의 통제 밖에서 자아가 당황하여 쩔쩔매게 만드는데, 바로 그것이 콤플렉스의 특성이므로 조절 불가능하다.

　가끔 내담자들은 모래놀이치료를 하러 오면서 자신이 만들 모래상자를 구상하여 온다. 치료실에 들어와서 선반의 소품을 보는 순간 자신도 모르게 어떤 소품에 손이 닿고 그것을 모래상자 안에 배치한다. 그다음에 다른 소품이 등장하고 그 소품은 또 다른 소품을 등장시키면서 모래상자를 꾸민다. 다 만들어 놓은 다음에 한결같이 말한다. "이렇게 하려고 한 것이 아닌데……." 그의 콤플렉스가 만든 모래상자다. 그의 자아는 그렇게 하려고 하지 않았다. 때로는 자신이 기획해 온 모래상자를 그대로 만드는 경우도 있다. 그것 역시 그의 콤플렉스가 만들어 놓은 상자다. 그가 살아온 경험이 많은데 왜 하필이면 그 상자를 기획하였을까? 이렇게 콤플렉스는 우리 정신의 의식의 자아와는 별도로 자율적으로 움직이므로 자아는 콤플렉스를 구별해야 한다. 내담자가 모래상자를 만들어 놓고 치료자와 함께 볼 때 비로소 자아는 콤플렉스를 구별한다.

그림자와 모래놀이치료

우리의 무의식에는 특수한 원형이 있으며, 그림자, 아니마, 아니무스, 자기원형이 있다. 꿈속에서 인간상으로 나타나는 상들 중 동성의 인물은 보편적으로 그림자로 볼 수 있다. 우리는 꿈속의 그림자 상을 보면서 나 자신의 열등한 측면에서 버려진 채 구석에 있는 나의 모습을 볼 수 있다. 이것을 그림자의 자각이라고 한다.

그림자는 자아의 그림자다. 자아의 뒷모습, 즉 후면의 인격이다. 우리가 스스로 열등하다고 생각하고 다른 사람에게만 좋은 것이 있다고 믿는다. 그런데 나의 열등한 인격은 보통 자아와 반대되는 외부의 타자에게 투사된다. 자아는 이러한 투사 상을 통하여 자신의 그림자의 존재를 알게 된다. 그러나 대부분 알아보지 못하고 투사 상에 자아가 집착하여 투사를 멈추지 않는 경우는 흔히 볼 수 있다. 이렇게 그림자의 투사가 멈추지 않고 투사 정도가 심각해질수록 자아는 자신의 무의식을 살필 수 있는 기회를 잃는다. 동시에 의식의 삶도 메말라지고, 다양한 측면으로 의식에 표출되는 데 정서적 장애를 경험하고 심해지면 불안, 공포, 우울 등의 신경증을 띨 경향성도 배제할 수 없다.

성인의 모래놀이치료의 과정에서 내담자들은 그림자를 자각하는 귀중한 기회를 얻는다. 모래상자를 꾸며 놓고 치료자에게 모래상자를 설명해 주는 과정 중에 내담자는 자신의 마음에 울리는 소리를 들으면서 자신의 그림자를 자각하는 경우는 많다. 자신 앞에 놓인 모래상자를 쳐다보면서 내면화가 시작되는데, 그 즉시 자신의 무의식으로 들어가면서 첫 번째 만나는 그림자를 자아는 대면하게 되기 때문에 그림자의 자각은 모래놀이치료에서 자아가 만날 수 있도록 주선해 주는 대단히 중요한 매개체다. 그림자가 짙을 때 내담자들은 여러 차례 비슷한 모래상자를 만들면서 자아가 그림자를 자각하고 소화시킬 때까지 치료자에게 일방적으로 자신의 표현을 진행한다. 이때 치료자는 기다리는 마음으로 내담자를 따뜻하게 살펴주어야 할 것이다. 특히 그림자는 자아의 바로 밑바닥 어두운 자리에 있기 때문에 자아와 비슷한 대상에게 향한다. 이를테면 같은 성의 친구, 가족, 형제, 자매, 동료, 상사 그리고 시누이와 올케 사이 등에서 공연히 목소리만 들어도 싫고, 주는 것 없이 미운 감정이 솟는다. 왜 싫은지 설명할 수도 없는 부정적인 감정이 일어난다(이부영, 1988).

　인간관계의 어려움을 겪는 내담자들에게 모래상자는 빠르게 그림자를 자각할 수 있도록 도모하므로 모래상자에서 마음속의 분노나 적개심, 억울함, 피해의식을 현재 자신의 그림자와 유사한 상을 가지고 맘껏 부정적인 감정을 토로할 수 있는 의도화된 모래상자를 할 수도 있다. 인간관계의 소통 부분에서 어려움을 겪는 내담자들의 대부분은 그림자 투사로 인하여 관계가 악화되는 경향이 많다. 관계는 투사로 이루어진다. 투사가 일어나지 않는 관계는 있을 수가 없다. 긍정적이든, 부정적이든 투사로 인하여 인간관계는 형성되기도 하고 해체되기도 한다. 모래상자에서 가장 초기단계에 일어나는 변화는 내담자가 모래상자를 다 만들어 놓았을 때 치료자가 "함께 볼까요?" 하는 순간 "아……." 하는 경우가 많다. 이 즉시 내담자는 내면화 과정의 첫 문에서 만난 사람이 바로 그림자이고 이는 자신의 가장 가엾으면서도 보기 싫었던, 그래서 늘 피하고 살았던 자녀, 배우자, 부모님, 이웃, 직장 상사 그리고 잊혀졌지만 가끔 자신도 모르게 떠오르면서 화가 치밀었던 그때 그 사람들이다.

우리 마음속에 그림자들을 하나씩 소화시켜 나갈 때 그의 의식은 그만큼 넓어지며 자신에 대한 통찰은 그만큼 깊어진다. 모래상자 안에서 내담자들은 자신의 그림자를 소화시키면서 투사했던 사람들에게 오히려 용서를 구하고 자신의 모습으로 받아들일 수 있다. 이때 엄청난 변화가 온다. 그러나 한 번 그림자를 소화시키고 이해했다고 인생의 모든 그림자를 소화시켰다고 생각하면 큰 오산이다.

그림자에 대해서는 바닷가를 거닐 때를 떠올리면 어떨까 한다. 바로 앞에 파도가 쳤다. 저 멀리 바다를 바라보니 끊임없이 파도는 몰려오고 있고, 규칙적으로 파도가 치고 부서지고를 반복하는 데 끝이 없다. 바로 그림자는 우리가 죽는 날까지 한 번 자각하고 소화시키면 다음, 그다음……. 그래서 우리는 사건, 사람, 이념 등 갖가지의 그림자들을 만나면서 살아 있음을 느끼고 자신의 존재감을 느끼며, 이는 그날이 다할 때까지 진행되는 것이다. 이는 우리가 아무리 의식화해도 무의식적인 것은 끝내 무의식적이기 때문에 모든 그림자를 의식화할 수는 없다.

그림자는 원시 시대부터 대단히 중요시해 왔다. 그림자가 있다는 것은 살아 있는 증거였다. 그러나 그림자는 지속적으로 의식화되어야 한다. 그림자는 본래부터 악하고 부정적이며 열등한 것이 아니다. 다만 그늘에 가려 있어서 자아가 자신의 그림자를 볼 수 없을 뿐이다. 다시 말해 그림자는 어두운 창고에 내버려진 곡식이나 연장과 같은 것으로 오래 두면 곰팡이와 녹이 슬게 되는데 이는 의식될 기회를 잃었으므로 미분화된 채로 남아 있는 원시적인 심리적 경향,

심리적 특징들로 설명된다. 그러므로 그것이 의식되어 햇빛을 보는 순간, 그 내용들은 곧 창조적이며 긍정적인 역할을 하게 되는 것들이다.

예를 들어, 콩쥐에게 팥쥐 엄마와 팥쥐는 콩쥐의 그림자다. 콩쥐는 팥쥐 엄마로부터 많은 고통과 시련을 받는다. 그러나 콩쥐가 팥쥐 엄마가 준 과제에 최선을 다하여 성실하게 임했을 때 돌밭을 매다가 부러진 나무 호미를 들고 울고 있던 콩쥐에게 커다란 검은 소가 나타났다. 또한 밑 빠진 독에 물을 채우는 과제에 성실하게 임한 콩쥐에게 엉금엉금 두꺼비가 등장하지 않았는가? 마당에 가득한 콩을 한 톨 한 톨 까기 시작한 콩쥐에게 수많은 새떼들이 어디선가 날아와서 모든 콩을 까 주기도 하였다. 콩쥐에게 팥쥐 엄마와 팥쥐는 더 이상 콩쥐를 괴롭히기 위해 등장한 인물만이 아니라 콩쥐에게 시련을 극복하고 많은 무의식의 전폭적인 지지와 도움을 받아 잔칫집에 갈 수 있게 한, 그리고 그곳에서 상상하지 못했던 원님을 만날 수 있도록 한 의도된 계획이었다. 모래상자의 초기에는 콩쥐처럼 시련의 시간이 전개되면서 모래상자 안의 표현도 어둡고 복잡하다. 그러나 콩쥐의 시련이 클라이맥스가 되고 종결부에서는 콩쥐처럼 원님을 만나는 결말을 맺는다. 그림자를 벗으로서 잘 사귀어 가야 한다. 그림자가 무시되고 오해되었을 때는 적대적이 되기 때문이다.

보통 그림자는 자아와 대립하는 측면을 나타낸다. 즉, 자기 자신과 가장 싫어하는 특성을 제시하는데 그렇다 하더라도 그림자는 성실하게 자기통찰을 하려 하고 의식적으로 노력한다면 그림자가 의식화되는 것은 비교적 가능하다고 한다. 그러나 그와 같은 시도가 언제나 성공한다고는 할 수 없다. 때로는 그림자 부분에 이성으로는 억누를 수 없는 격렬한 힘이 존재하기 때문이다. 간혹 외계로부터의 쓰라린 경험이 그림자의 통합에 도움이 되는 일도 있다. 다시 말해서 의식적인 통찰이 그림자를 멈추게 하지만 인간적 내부의 위대한 사람의 도움을 빌릴 때만 가능하기도 하다는 것이다. 자아는 그림자를 부정적으로 생각하고 외면할 것이 아니라 그림자의 이미지가 유용하고 생명력 있는 힘을 가지고 있고, 실제의 체험 속에도 동화되어야만 할 것이지 억압되어야 할 것은 아니므로 끝까지 그림자를 대면하여 살려 나가야 한다. 우리의 꿈에서 어두운 동반자는 극복해야 할 결핍이지만 그렇다고 지나치게 해석할 필요는 없다. 우리에게 그림자는 끝없이 다가오는 불청객이라고 배척할 수 있지만 다시 마음을 가다듬고 점점 밝아 오는 빛 속에서 맞이하면 처음에 오해한 경우라 하더라도 좋은 벗이 될 것이다. 그러므로 그림자는 모래상자 안에서 귀한 손님으로 변화하고 서로를 존중하면서 더 큰 만남으로 우리를 초대하는 자아의 무의식 여행에서 첫 번째 만남의 주인공인 나의 어쩔 수 없는 사랑의 벗, 아직 열등한 나의 인격이다.

마음속의 남성성, 여성성과 모래놀이치료

융은 남성의 마음속에는 여성성(Anima)이 있고, 여성의 마음에는 남성성(Animus)이 있다고 하였다. 아니마는 남성의 꿈에 여성상으로 인격화되어 내적인 이미지로 출현하고 아니무스는 여성의 꿈에 남성상으로 종종 등장한다.

아니마는 남성의 마음이다. 남성 마음의 모든 여성적인 심리 경향이 인격화한 것으로 막연한 느낌이다. 예를 들면, 육감, 비합리적인 것에의 감수성, 개인에 대한 사람의 능력, 자연물에의 감정 그리고 마지막으로 무의식과의 관계 등이다. 이러한 남성이 자신의 무의식과의 관계가 의식의 여성들과의 관계, 남성이 인간관계를 맺는 과정 중에 발휘되는 특성이라고 할 수 있다. 그림자가 인간관계에서 중요한 부분이듯이 아니마, 아니무스도 인간관계에서 대단히 중요하다. 이는 남성의 여성적인 측면에 대하여 여성의 남성적인 측면에 대한 느낌, 감정, 정감으로 나타난다. 남성의 아니마의 특성은 보통 어머니에 영향을 많이 받는다고 폰 프란츠(von Franz)는 말한다. 어머니와의 관계의 질이 무의식과의 관계에서 나쁜 영향을 주었을 때 아니마는 자주 화를 내고 음산한 느낌이나 불확실, 불안정 혹은 심술궂음으로 나타난다.

아니마의 부정적인 면은 자신은 아무런 가치가 없고, 세상의 일은 모두 무의미하며 즐거운 일은 없다고 하면서 심지어 권태감, 건강염려증, 무력감 등 사고의 원인이 되어 죽음의 사령에 사로잡히기까지 한다.

남성 내담자들은 부정적인 아니마로 시달리는 경우가 많다. 남성 내담자에게 우울증, 알코올 중독, 여성 편력, 돈 쥐앙(Don Juan)적인 면, 영원한 젊은이들이다. 이렇게 남성들은 불면증에 시달리고, 술로 달래든가 도박, 약물에 의존하는 등 흔들리는 마음을 잡지 못한다. 마치 나무꾼이 선녀에게 날개 옷이 있는 곳을 알려 주고 난 다음 날아가는 선녀가 잡힐 듯하면서도 잡히지 않는 경우처럼 우리는 자신이 어찌할 수 없는 심각한 심적인 고통에 사로잡히는 남성들을 주변에서 흔히 볼 수 있다.

이때 모래놀이치료는 남성들에게 귀중한 기회를 준다. 내담자는 모래상자를 앞에 놓고 상징물을 바라보며 내면의 여성을 만날 것이다. 이리하여 모래놀이치료는 부정적인 아니마가 긍정적인 아니마로 바뀌는 기회다. 아니마의 긍적적인 면은 남성의 마음을 참된 내적 가치와 조화시키고 심원한 내적 깊이로 이끌어 간다. 다시 말해 자아가 자기로 가는 길의 안내자로서 위대한 사람의 목소리만을 듣도록 한다. 모래놀이치료는 남성 내담자들의 부정적인 아니마를 긍정적인 아니마로 변화시키는 것이다. 이 또한 내담자의 자아에 달려 있다. 이러한 남성 내담자들이 모래놀이치료에 올 수 있어야 하는데 현실에서는 남성 내담자들은 오지 않고 이로 인해 피해받은 그의 배우자, 자녀들이 오는 경우가 많다.

아니무스는 여성의 마음속의 남성성으로서 여성에게 무의식이 인격화한 것이다. 아니무스는 에로틱한 공상이나 무드로 나타나지는 않는다. 곧잘 성스러운 확신의 형태를 취한다. 그 같은 확신의 소리는 남성의 목소리를 갖고 역설되든지, 혹은 잔혹하고 감정적인 방법으로 여성의 마음 저변에 내재해 있는 남성적인 면으로 쉽게 인정된다. 이렇게 아니무스는 외적으로 매우 여성스러운 여성에게조차 단단하고 잔혹한 힘일 수가 있는데, 어떤 여성의 내면에 아주 완고하고 차가우며 결코 가까이하기 어려운 무엇인가가 존재하는 것을 말한다.

폰 프란츠는 아니무스는 기본적으로 그 여성의 아버지에 의해 영향받는다고 말하면서 아버지는 자신의 딸의 아니무스에 대해 논쟁의 여지가 없는 '참된 확신'이라는 색조를 부여하는데, 그 확신은 그 여성이 정말로 있는 그대로인 자기 자신의 현실을 결코 포함하고

있지는 않다고 덧붙인다. 중년 여성 내담자들의 모래놀이치료에서
는 부정적인 아니무스가 대두된다. 부정적인 아니무스는 죽음의 화
신이나 꿈속에서 도둑이나 살인자의 역할, 난파선의 약탈자와 같은
위험한 범죄자의 무리로, 남성의 떼로 인격화한다. 또한 차갑고 파
괴적인 생각을 인격화하는데 감정의 마비, 깊은 불신감으로 깊은 곳
에서 '넌 희망이 없어, 해 보아도 소용없고, 어떤 일을 해도 무의미
하고, 세상은 결코 나아지지 않아.' 라고 속삭인다. 불행하게도 부정
적인 아니무스에 사로잡히면 절망의 상태가 된다.

　부정적인 아니무스는 여성 내담자에게 우울증, 자신의 분노를 자
녀 혹은 주변 사람들에게 분출하거나 배우자의 외도에 대한 용서할
수 없는 적개심, 피해 의식 등에 시달리게 만든다. 모래놀이치료 장
면에서 여성 내담자는 남편의 상을 들고 격분한다. 모래에 묻고 그
위에 트럭을 왔다 갔다 하면서 자신의 분노를 표출한다. 해골을 모
래 속에 묻고 나오지 못하도록 그 위에 피라미드를 놓는다. 부정적
인 부성상은 곧잘 울부짖는 늑대, 포효하는 호랑이, 여러 마리의 사
자가 으르렁거리면서 모래 판을 돌아다닌다.

　그러나 반전을 보여 주는 신비스러운 모래놀이치료가 전개되는
것은 치료자에게 기적과 같은 순간을 선물한다. 예를 들어, 미녀와
야수가 전개된다. 즉, 야수가 미녀를 사랑하면서 왕자가 되는 순간
이다. 야수가 왕자가 되기까지의 전 과정을 우리는 알고 있다. 마지
막 장미 꽃잎이 떨어지는 순간까지 야수는 몸부림했다. 민담에서
동물이나 괴물이 소녀의 사랑을 받음으로써 왕자가 되듯이 여성 안
에 야수와 같은 아니무스도 여성 자신의 사랑을 받음으로써 여성 안
에 왕자가 된다는 의미다.

그러나 실생활에서 여성이 자기의 아니무스로 향할 때 매우 오랜 기간 많은 고뇌를 하게 된다. 여성이 이러한 고뇌를 직면해 가는 가운데 용기를 잃지 않는다면 이것은 여성이 아니무스에 사로잡히는 것을 허용하지 않는 것이며, 그 현실을 대면한다면 그녀의 아니무스는 둘도 없는 내적인 동반자로 변용될 것이다. 여기서 이것은 주도성·용기·객관성·정신적인 지혜 등 남성적인 기질을 의미한다. 다시 말해서 아니무스의 긍정적인 면은 기획성이라든가 용기, 진실성 그리고 가장 높은 형태에 있어서는 정신적인 깊이를 인격화할 수가 있다. 그 아니무스를 통해 여성은 문화적·개인적·객관적인 상태에 흐르고 있는 과정을 체험할 수가 있는데 여성은 자기의 성스러운 확신을 의심할 만큼의 용기와 내적인 마음의 넓이를 찾아야 한다. 그럴 경우에만 그녀는 무의식의 시사를 받아들일 수 있고 아니무스의 의견과 모순될 때라도 그것을 받아들일 수 있을 것이다.

아니무스는 여성에게 정신적인 확실성을 주고 그녀의 외적인 부드러움을 보상하는 눈에 보이지 않는 내적인 지지를 보내는데 이는 가장 발전된 형태를 취한 아니무스로서 종교적인 심성, 마하트마 간디와 같은 형태다(이부영, 1988). 이렇게 아니마와 아니무스의 역할은 자아가 자기에 닿도록 하는 안내자의 역할로 보면 좋을 것이다.

몇 가지 예를 들면, 74세 된 노인의 사례였다. 심각한 우울증이다. 내담자는 6세 때 외삼촌으로부터 성학대를 받았다. 남성에 대한 공포는 결혼 후에도 계속되었고, 배우자에게 종속되어 종처럼 살았다.

다음은 10세, 11세 남자 아이를 둔 51세 된 여성이다. 두 자녀는 모두 주의력결핍과잉행동장애(ADHD)의 경향성이 보였다. 이는 양육자의 태도를 염두에 두어야 했다. 왜냐하면 두 아이의 주호소 내용이 유사했기 때문이다. 어머니가 모래놀이치료를 하였다. 첫 모래상자 좌측 하단에 큰 거미를 놓았다. 거미가 심상치 않았다. 그러나 별다른 멘트 없이 지나갔다. 그 후 그 자리에 사형당하는 장면이 펼쳐졌다. 그 회기에 내담자는 초등학교 5학년 때 담임 선생님으로부터 받은 성 학대에 대하여 울면서 이야기했다. 그 후 남성을 믿을 수 없었고, 남성에 대한 부정적인 사고가 치유되지 않은 상태에서 결혼할 수 없었으며, 그리하여 늦게 결혼했다고 하였다. 여전히 내담자는 짜증과 화 그리고 남편에 대한 부정적인 사고로 결혼 생활이 행복하지 않았다. 동시에 아이들에게 애착 형성을 해 줄 수 없었다. 우울증이 왔고, 죽고 싶은 생각뿐이었다. 부정적인 아니무스로 시달리고 있었다.

　60세 된 알코올 중독 남성 내담자다. 코가 빨갛다. 십대부터 술을 마셨고 결혼한 후에는 매일 밤 소주 2병을 마셔야 잠을 잔다. 내담자는 자신이 알코올 중독이나 외도는 한 번도 한 적이 없었다고 자신 있게 치료자에게 말했다. 그때 "선생님은 술과 연애를 하셨지요."라고 했더니 내담자가 화들짝 놀란다. 그리고 45세 된 알코올 중독 남성 내담자다. 내담자는 모래놀이치료 내내 소품을 놓지 않았다. 자신은 아침에는 늦게 일어나고 밤에는 늦게까지 잠이 안 온다고 한다. 자신은 시를 좋아하고 시를 쓰고 글을 쓰는 동우회의 회원이라고 한다. 밤에 술과 더불어 시를 읊고 시를 쓴다. 가끔 동우회에서 만난 여성과 데이트를 하면서 외도를 한다. 어느 날 모래상자 우측 하단으로 모래를 쌓아올리면서 울기 시작한다. "모래가 앞으로 쌓이면서 어머니가 그립네요……."

　이렇게 중년의 남성, 여성 내담자들은 아니마, 아니무스로 인하여 모래놀이치료를 하게 된다. 내적인 마음을 모래상자에 표현하면서 자신의 내적 인격과 인격적인 관계를 회복하고 치유의 경험을 한 후 새로운 중년의 시작을 하는 내담자들을 만난다.

만다라 모래놀이치료

개성화의 과정은 자기실현을 말한다. 개성화는 그가 그 자신이 되는 것이다. 개성화가 그로 하여금 그 자신이 되게 하는 인간의 무의식에 존재하는 근원적 가능성이라면, 자기실현, 개성화의 과정은 이러한 가능성을 자아의식이 받아들여 실천에 옮기는 능동적인 행위를 말한다.

개성화의 과정에는 자아의 결단과 용기와 인내심이 필요하고 자기 원형은 누구에게나 상징을 보내서 자아로 하여금 전체로서의 생을 발휘하도록 촉구한다. 개성화 또는 자기실현은 집단 정신과 삶의 목표를 구별하는 데 있다. 다시 말해서 페르소나(Persona)를 부정하는 것은 아니다. 페르소나는 그리스어로 탈, 가면이다. 다시 말해 집단 정신을 말한다. 아동이 8세가 되면 초등학교에 입학한다. 비로소 집단에 합류한 것이다. 집단에는 규칙과 규범이 있다. 그 집단 안에서만 유용한 원칙이 있고, 그 원칙은 집단의 질서를 유지할 수 있는 경계가 된다. 인간은 집단 속에서 생존한다. 그러므로 페르소나는 집단 정신 속에서 살아가는 인간에게 필수적이다. 또한 페르소나는 역할, 체면, 낯으로 설명된다. 학생, 아버지, 회사원으로 살아가는 방법이 있다. 그 집단에서 유용한 가치가 있다. 이를 페르소나라고 할 수 있다.

성장기의 아동과 청소년들은 집단으로 나아가는 시기다. 집단과 동화하여도 별 문제가 없다. 아동과 청소년들은 또래집단을 중요시한다. 그들의 문화권에서 이탈되면 존재감에 위기가 온다. 이 시기에 비행청소년들은 페르소나를 잘 형성하지 못한 부정적인 측면의 그룹으로 볼 수 있다. 이들은 그림자가 짙기 때문에 자신들 안에서 집단응집력은 더욱더 긴밀하다. 청년기까지의 발달의 성장은 앞으로 나아가는 시기라면 중년이 되면서 다시 개성화 작업을 하여야만 한다.

융은 인간 발달의 주기를 두 차원으로 보았다. 상승의 시기는 집단으로 나아가는 시기이고 하강의 시기는 개성화 과정으로 내려가는 시기다. 청년기에 집단으로 나아가지 못하면 많은 심적인 불안, 우울 등 병리적인 현상이 드러난다. 반면에 하강의 시기에 개성화 과정으로 내려가지 않으면 이 또한 병리적인 현상이 드러난다. 페르소나는 집단 정신을 발달시키는 상승 시기에 형성되어야 하고 개성화 과정의 하강 시기에는 집단 정신과 철저히 분리하여 페르소나를 구별해 나가야 개성화 과정을 진행할 수 있다.

초기 아동 및 청소년 시기의 궁극적인 목표는 자아 성숙으로 페르소나를 구축하기 위하여 전력을 쏟는다. 가령 대학을 준비하는 고3 학생들이 밤을 새워 공부를 하면서 성취하려고 애쓰는 것이 그 대열에 들지 못하여 포기하고 좌절한 청소년들보다 정신건강이 좋다는 것이다. 그러나 중년이 되어서 페르소나와 동일시하면 정신 문제가 일어난다.

중년기의 우울증이 대표적이라 하겠다. 중년의 모래놀이치료는

개성화 과정으로 초대하는 모래놀이치료다. 중년 내담자들은 우울
증에 시달리면서 비로소 자신의 내향화로의 초대임을 실감한다. 오
히려 그의 우울은 그로 하여금 창조적인 삶으로 방향을 전환하도록
촉구하는 길잡이가 된다. 이는 중년 모래놀이치료의 꽃이다. 그가
모래상자 앞에 섰을 때 그의 자아는 그의 무의식과 대면한다. 마치
바다 앞에 서 있을 때의 마음이다.

  그동안의 트라우마로 인한 위축된 자아는 그 자신의 모습을 모래
상자 안에 그의 손으로 가져다 놓은 소품을 보면서 무의식의 또 다
른 아픈 자신을 만난다. 그는 주변의 많은 사람들이 자신에게 부정
적인 영향력을 주었다고 느끼면서 늘 우울한 기분으로 살았다. 비
로소 자신 안에 부정적인 그림자, 부정적인 아니마, 아니무스의 투
사로 인하여 밖의 많은 사람들, 사건 속에서 자신을 발견한다. 그가
발견하는 순간 부정적인 것이 긍정적으로 변형하고 그림자는 창조
적으로 바뀐다.

  그는 자연스러운 한 인간으로서 삶을 살아가는 데 존재감을 체험
할 것이다. 그는 평범하나 분수를 아는 사람이고, 그는 그가 하여야
할 바를 마음속에 묻고 그것이 그가 가야 할 길이면 그렇게 간다. 그
것 때문에 그가 대인관계에서나 세속적인 이권에 반해 손해를 보게
된다 하더라도 그는 진정으로 고독한 사람일 수도 있다. 또한 그는
세속적인 의미에서 진정으로 무력한 사람일 수도 있다. 그러나 그
는 자기와의 일치라는 점에서 가장 강한 사람이다. 그는 반성할 줄
알며 그런 의미에서 종교적인 인간이다. 무엇이 그가 가야 할 길인
가를 항상 마음속으로 묻지만 그 해답이 분명하지 않음을 알며 때때
로 인간은 그 불분명한 혼돈 속에서 찾아 헤매는 고통을 겪어야 함

을 안다. 그러나 그 물음과 찾음에 응답이 있을 것임을 믿는다.

　자기실현은 무의식을 의식화함으로써 가능하고 자기실현은 결코 유쾌한 작업은 아니며 때때로 그것은 자아의 욕구나 의지에 반해서 실천되어야 한다(이부영, 1988). 중년의 모래놀이치료는 그림자를 자각하고 의식화하도록 도모한다. 또한 부정적인 아니마, 아니무스를 긍정적인 아니마, 아니무스로 변형토록 하여 자아가 자기를 만나는 융합의 모래놀이치료다. 융합의 모래상자의 대표적인 상자는 만다라 모래상자다. 만다라는 불교의 수도를 하는데 마음의 평정 상태에서 깊은 부처와의 만남이다. 분석심리학과 모래놀이치료에서의 만다라는 자아와 자기의 통합으로 전체성을 이루는 것을 뜻한다. 만다라가 표현되었을 때는 자기의 출현이므로 이때 서둘러 종결하면 오히려 모래상자가 전복될 위험이 있다. 그러므로 만다라가 초기 모래상자에 등장했을 때는 불안의 고조화로 본다. 만다라가 회기 말에 나올 경우 마음의 질서가 잡혔다고 보나 의식의 장면이 나왔을 때 종결을 하는 것이 안전하다.

제 3 장
칼프의 모래놀이치료

모래놀이치료는 로웬펠드에 의해 창시된 '세계 기법'으로 시작되어 융의 분석심리학을 이론적 배경으로 도라 칼프가 발전시킨 심리치료의 한 기법이다.

칼프는 로웬펠드의 모래놀이치료와 융의 분석심리학의 이론적 바탕으로 모래놀이치료를 발전시켰다. 칼프는 로웬펠드의 모래밭에서 자유롭게 놀이하는 모래를 사용했고 융의 이론과 연계한 소품을 상징과 이미지로 작업을 한 것이다. 그녀는 모래놀이에서 눈에 띄는 분명한 발달 과정들이 있음을 관찰을 통하여 알게 되었으며, 특히 아동의 경우에는 놀이를 통하여 빠른 속도로 자신감을 가지고 좋아진다는 것을 알게 되었다. 그녀는 '자신이 아동에게 해석을 거의 해 주지 않아도 거의 자동적으로 진행된다는 것'을 느끼게 되었다(Weinrib, 1983, p. 15).

칼프는 정신도 육체와 마찬가지로 전체성과 치유를 향한 에너지의 흐름이 있다는 융의 가설들을 모래놀이에 적용시켰다. 칼프의 모래놀이치료의 특징은 자유로운 공간, 즉 자유와 보호의 공간을 강조하면서 직사각형의 모래상자를 제시했다. 치료자는 비언어적인 접근 방법을 사용하면서 고요하고 수용적인 태도를 취하는 불교 심성으로 접근하였다. 불교에서 구도자는 떠오르는 의문에 대해 결코 직접적인 답을 구하지는 못한다. 하지만 그 대신 개인의 의문 탐색에 의해 진정한 답을 발견해 나가기 위해 자신의 근원적인 내면을 되돌아볼 수 있도록 격려한다(Carey, 1999). 이때 치료자와 내담자 간에 필요 없는 이해나 연결된 듯한 감정, 전이와 역전이 등이 치료자와 내담자 사이에 일어날 때 치료가 극대화된다고 하였다(Kalff, 1966).

칼프는 아동의 모래놀이 과정을 노이만(Neumann E.)의 아동발달 과정에 입각하여 살펴보았다. 분석심리학자인 노이만은 1949년 『의식의 기원과 역사(The Origin and History of Consciousness)』에서 '의식'의 분화와 성장을 신화와 관련지어 다루었다. 그는 여기서 '의식'의 분화와 성장을 신화적 세 단계, 즉 '창조신화(creation myth)' '영웅신화(hero myth)' '변환신화(transformation myth)'로 나누었다.

이렇게 칼프는 노이만의 이론이 모래놀이치료 이론과 유사하다는 점을 인식하였다. 노이만은 그의 저서 『아이들(The Child)』(1973, p. 70)에서 "놀이의 세계는 아이뿐만 아니라 어른에게도 아주 중요하다. 개인이 가지고 있는 상징성을 놀이로 실현함으로써 완전한 인간이 되는 것이다."라고 했다. 특히 칼프는 노이만의 아동 발달이론을 5단계로 분류하였는데 1단계는 혼돈, 2단계는 동식물의 단계, 3단계는 투쟁의 단계로 구분하였으며, 4단계는 자아와 자기 축으로 이 단계는 자아와 자기는 원만한 관계를 보이는데 이는 아동이 자아 분화를 완성하여 너와 나의 개념을 알고 어머니로부터 인격체로 분리하게 되어 자아가 완전히 작용하고 자아개념을 갖게 된다는 단계다. 5단계는 집단에의 적응의 단계로 분류하였다. 이렇게 모래놀이치료는 칼프가 로웬펠드의 모래놀이를 더욱 발전시켰고 융의 개성화의 과정에 기반을 두고 비약적인 발전을 이루었다.

또한 칼프는 치료자와 내담자와의 관계를 대단히 중요시하였다. 그녀는 이 양자의 관계를 '모자 일체성'이라는 표현으로 나타내고 있다. 그리고 이와 같은 관계가 성립하면 내담자 자신이 자기치유의 능력을 발휘하기 시작하여 '전체성의 상징'을 표현하기 시작한다라고 생각했다. 이러한 면이 융이 연구한 상징이나 심상의 의미를 모래놀이치료에 적용시키려 했던 점이라 하겠다. 즉, 자기의 상징이 나타나는 것이다. 이와 같은 상징 체험은 치료 과정의 중요한 핵심이 되는데 칼프는 이것을 내담자가 언어를 수단으로 하지 않고 '보호된 장면에서의 상징 체험'에 의하여 치료가 진행되어 간다고 설명하고 있다. 그리고 그 경우에 상징이 의미하는 것을 굳이 '해석'해서 내담자에게 전하지 않더라도 치료가 되는 수도 있다. 특히 아동의 경우는 실제로 아무런 해석도 필요하지 않을 것이라고 한다. 또한 그녀는 상징적 표현이 이루어졌을 때 그것을 계열적으로 모아야만 한다고 강조하면서 상징이 내포한 이미지에 대한 확충 작업의 중요성을 시사했다고 볼 수 있다.

모래놀이치료의 본질

모래놀이치료는 치료자와 내담자의 관계가 어머니와 아이처럼 서로 온전하게 신뢰하고 깊게 사랑하는, 전폭적으로 믿음의 관계에서만 이루어진다.

로웬펠드가 생각한 것처럼 전이나 해석 없이 아이들을 치료하는 체험이 잘 되어 갈 때는 내담자가 모래상자를 놓기만 해도 치료가 된다. 그러나 칼프가 치료자와 내담자 관계의 중요성을 명확히 했듯이 모래놀이치료에서는 치료자와 내담자 간에 인간관계가 존재하는데 이러한 관점에서 모래놀이치료는 전이와 역전이라고 하는 것을 살펴보아야만 한다. 모래놀이치료에서 말하는 전이와 역전이는 다른 상담이론에서 말하는 전이와 역전이와는 다르다. 예를 들어, 치료자가 "모래상자를 놓으시겠습니까?"라고 물었을 때 "네, 놓겠습니다."라고 말하는 것은 대단한 계약의 성립이라고 할 수 있다. 이것은 빌딩 아래에서 양팔을 벌리고 있는 어머니가 10층에 있는 아이에게 "자, 뛰어내리렴."이라고 말하는 것과 같다고 표현한다. 이와 같이 모래놀이치료는 내담자와 치료자가 함께 공유하고 함께 모래상자를 만든다고 할 수 있다. 모래놀이치료는 출발부터 전이와 역전이가 생긴다고 말할 수 있을 것이다. 치료자와 내담자의 관계가 성립되면 그것을 토대로 내담자는 모래놀이를 시작한다. 이것은 내담자에게 무의식의 세계의 문을 열 수 있도록 내담자 스스로가 이끄는 방법을 부여함을 의미한다.

모래놀이치료가 주목하는 것은 인간의 정신, 즉 의식과 무의식의 상관관계를 다룬다. 의식에서 억압된 심리적 내용뿐만 아니라 인간 마음의 중심, 전체성의 상징인 자기 원형의 깊은 심적 내용까지 포함한다. 그리하여 다양한 이미지를 모래상자에 표현함으로써 자아의 심적 내용이 파악될 때 내담자는 자발적인 자기실현 활동에 의해 저절로 치유되어 가게 된다.

모래놀이치료의 본질은 내담자 자신이 모래놀이 과정에서 자기실현을 표현하고 그것에 의해 저절로 나아가게 되는 데 있다. 그것은 그와 같은 과정이 생기는 토대로서 치료자와 내담자 관계가 존재하며 이것을 전이와 역전이라고 하는 관점으로 보는 것이다.

프로이트와 달리 융은 치료에 있어 역전이의 유효성에 대해 지적하고 있다. 다시 말해서 치료가 깊어짐에 따라 치료자는 내담자와 더불어 자기실현 과정에 깊이 관여하게 되는 것이라고 할 수 있다. 이러한 생각은 무의식에 대한 긍정적인 견해를 배후에 깔고 있는 것이다. 즉, 물론 무의식에는 파괴적인 힘이라든가 부정적인 내용도 존재하나 그것은 오히려 인간의 창조 활동의 원천이며, 무의식과의 접촉을 지속시킴으로써 인간의 자기실현이 촉진된다고 생각하는 것이다.

모래놀이치료의 본질은 융의 자기실현 과정이라고 명명한 자기발전 과정으로서 사람이 스스로 '그림자'의 측면을 받아들이고 경험하기 시작할 때에만 자기실현이 시작하였다. 내담자가 많은 상징 중에서 자유롭게 고를 수가 있다고 하는 것과 함께 또 한 가지 중요한 것은 상징을 응축하여 '자기표현'의 형태를 만들 수 있게끔 길을 터 주는 '통로' 상황을 만들어 준다는 것이다. 반면에 내적 수준에서 치료자는 자유로운 분위기와 보호적인 수용이 가능한 상태를 스스로 자기 내부에 만들려고 노력하지 않으면 안 된다. 이것은 치료자 자신이 스스로 자유롭게 하고 또 사랑하는 마음을 배우려고 노력하는 것과 같다. 이런 종류의 중요한 측면 중 하나는 분석하고 판단하고 해석하는 방법을 피하는 것과 내담자의 있는 그대로의 모습을 수용하는 것에 자유로워야 한다. 치료자가 목표로 해야 할 '자유의 상태'는 다만 치료자가 내담자와 함께 있다고 하는 것뿐으로 이 자유가 내담자에게 비언어적으로 전달되는 것이어야 한다.

이와 같은 상황에서 내담자는 천천히 스스로의 내부에 자유로운 변용의 힘을 발견해 나가게 된다. 치료자가 내담자를 보는 관점에 있어 한 사람의 인간으로서 내담자를 받아들이고 내담자에 대한 존경심을 갖고 더 나아가 외경스러운 마음을 갖는 태도는 치료자로서 중요한 자질이다. 그러기에 치료자는 우선 자신의 정신 내적인 안정성을 유지하여야 한다.

모래놀이치료는 내담자의 자기치유 능력을 최대한으로 발휘할 수 있도록 도와야 하므로 치료자 자신의 잠재력을 최대한으로 발휘하여야 한다. 모래놀이치료는 모래를 사용함으로써 내담자의 치료적 퇴행을 용이하게 한다. 모래놀이를 시행하는 과정에서 내담자 자신이 어느 정도 자기의 작품을 객관적으로 볼 수 있으므로 자연스러운 순환 과정을 통하여 통찰을 얻게 된다. 즉, 치료자와 내담자의 관계를 중시하고 그것을 기초로 하여 내담자가 만든 모래놀이는 그의 마음의 세계를 표현한 것이므로 이를 어디까지나 존중해야 한다. 때로는 치료자가 모래놀이를 토대로 '해석'이라든가 '지시' 등을 내담자에게 부여하여 치료가 진행된다고 생각하는데, 실은 그러한 태도를 치료자가 취했을 때 치료는 잘 진전되지 않는다. 단적으

로 말하면 치료자는 모래놀이 표현을 '푼다.' 는 것보다도 '음미한
다.' 고 할 수 있다. 다시 말해서 치료자는 '자유롭게 하여 보호된 공
간(Frein und zugleich eschuzten raum)' 을 관계 속에서 만들어 내는
일이다. 치료자와 내담자에게 있어 신뢰 있는 관계가 이루어져 있
음을 전제로 하여 모래상자라고 하는 더욱 한정된 공간이 내담자에
게 주어진다. 즉, 내담자는 말없이 거기에 '하나의 정돈된 표현' 을
나타내도록 안내받을 것이다.

　치료 상황이라고 하는 한정된 공간 속에 주어지는 또 하나의 제한
이 내담자에게 '정돈된 세계' 의 표현을 가능케 하는 것이다. 따라
서 치료자는 해석을 부여하지 않으면서 그 과정에 내적으로 함께 작
품을 만들어 간다. 또 하나 중요한 것은 언제나 치료의 흐름에 따라
내담자의 자유를 존중하며 시행한다는 사실이다. 모래상자를 만들
때 모래를 만지면서 바람직한 퇴행이 생기기 쉬우며 마음의 심층 표
현이 일어나기 쉬운 것 등의 이유 때문에 모래놀이 표현에서 모래라
는 물질은 사람에게서 무의식에 닿는 체험(numinous)을 쉽게 불러
일으킨다. 무의식에 닿는 체험이라고 부른 것은 융이 독일의 신학
자 루돌프 오토(Rudolf Otto)의 설을 빌려서 종교 체험의 중핵을 나
타내기 위해 자주 쓰는 용어다. 우리는 일상생활 속에서 대체로 그
일상성 속에 자기를 매몰시키고 살고 있다. 그러나 비일상적인 세
계는 그 배후에 존재하며 거기에는 무언가 불가해한 두려움과 매력
을 느끼게 하는 것이 꽉 차 있다. 신성한 힘을 느끼는 것이 무의식에
닿는 체험, 즉 종교 체험이다.

　현대인은 이와 같은 종교적 체험으로부터 멀리 떨어져 살고 있다.
그러나 어떤 심리적 장애로 고민하게 됨으로써 일상생활이 꽉 막힘

으로 답답해하고 그것과 직면하려 하는 과정 속에서 무언가 무의식에 닿는 체험을 하면서 자신의 존재와의 접촉이 일어나고 그 적절한 접촉을 통한 회복에 의해 새로운 힘을 얻어 문제가 해결되는 체험을 하는 경우가 많다. 이런 것은 이미 기술한 자기치유력의 발현으로 생각해도 될 것이다.

모래놀이치료의 이해

　모래놀이치료는 일반적으로 앓고 있는 사람의 마음 안에서 분리되고 동떨어져 가는 경향이 있는 여러 가지 대극을 통합해 나가는 데 치료의 목적이 있다고 말할 수 있다. 이와 같이 분리되어 가는 것은 의식과 무의식 사이의 통합이 안 될 때 나타나는 것이다.

　마음에 있는 여성성과 남성성 사이에서 일어나는 분할의 차원으로도 말할 수 있다고 생각한다. 한 편이 다른 편을 희생시켜서 과도하게 강조될 때 이것이 심적 에너지를 이끌어 오는 것이다. 심적 에너지의 새로운 흐름을 가지고 오는 한 가지 방법은 '자유롭게 보호된 공간'을 치료자가 내담자에게 제공하는 것이다. 이것은 안과 밖이 다 같이 명확하게 가질 수 있도록 할 수 있다.

　외적 수준에 있어서의 자유는 모래놀이치료의 경우 많은 소품 가운데서 자기가 가장 좋아하는 것을 전적으로 자유롭게 선택할 수 있다는 점이다. 여러 가지 인물, 동물, 수목 그리고 아름다운 색깔의 돌 같은 다채로운 변화를 가져올 수 있는 소품이 다양한 감정을 불러일으킨다. 세계의 다양성이 어느 사람이든 구비되어 있는 내적 창조적 다양성과 연결되는 것이다. 즉, 이와 같은 일은 내담자에게 자기가 가지고 있는 내면을 열어 보임으로써 그것을 자유롭게 표현한다는 것에 대한 갈등이라고도 말할 수 있다. 긍정적인 의미를 가진 소품만이 아니고 병사라든가 야수와 같은 부정적인 의미를 가진 소품도 다함께 포함되고 선별되어서 하나의 진실에 이르게 되는 것이다.

많은 인형이나 소품은 무한한 환상의 가능성을 나타내며 모래상자의 제한은 일상의 현실을 반영하는 필요성의 요소를 나타낸다. 이와 같은 제한은 그 외에도 에너지의 확산을 방지하고 보호하는 역할도 연출하는 것이다. 만일 이 활동성에 대해서 제한이 전혀 없으면 파괴적인 에너지가 생겨날 수도 있고 또한 너무나 산만해질 수도 있다. 모래상자에서 자연히 구비되는 제한에 의해서 이와 같은 일이 일어나지 않게 한다는 뜻에서 보호로서의 제한의 역할이 가능할 것이다.

그렇기 때문에 사람이 모래상자를 할 때 일어나는 이 두 가지 측면의 통합은 그 사람이 많은 내적인 가능성을 받아들이는 것과 외계와의 필요한 적응을 몸에 붙이는 것들을 자력으로 통합하게끔 정리를 하는 것이다. 이와 같은 종류의 중요한 측면의 하나는 분석적이고 판정적인 방법을 피하는 것과 내담자의 있는 모습 그대로 받아들이는 것을 자유롭게 하는 것이다. 또한 이것은 감수성이 풍부하게 열리는 상태라고 할 수 있겠다. 이 상태에서 모래상자에 만들어진 것이 부정적이든 긍정적이든 서둘러 판정하는 것이 아니다. 이때의 태도는 무엇인가 긍정적인 것이 생겨나지나 않을까, 만일 이런 것이 있으면 자신이 잘라내어 스스로 그것을 표현하는 힘을 그 안에 가지고 있을 것이라는 그와 같은 태도를 가져야만 하겠다. 치료자가 이것에 대해서 아니라든가 그렇다든가 판정할 필요는 전혀 없다. 왜냐하면 그것은 설명이 아니고 내담자가 체험한 경험 그 자체이기 때문이다. 전적으로 똑같이 부정적으로 보이는 것에 대해서 잘못된 모래상자라고 판정하는 것도 잘못이다. 왜냐하면 어두운 것에서부터 선이 생길지도 모르니 미리 짐작하여 모든 것을 안다는 것은 인간의 무의식에 대한 잘못된 편견이기 때문이다.

치료자가 목표로 삼아야 할 자유의 상태는 치료자가 그곳에 있다라는 것이며, 이 자유가 내담자에게 비언어적으로 전달된다는 것이다. 이와 같은 상황에서 내담자는 느긋하게 자기 안에서 자유가 가지고 있는 변용의 힘을 발견해 나가는 것이다.

내적 자유의 상태가 아니라도 치료자는 자기 자신의 사랑의 포용력을 발전시키지 않으면 안 된다. 사랑이란 내담자가 고통으로부터 해방되는 것을 갈망하는 마음의 소원이다. 치료자가 내담자를 돌볼 때 다만 환자로서가 아니고 한 사람의 인간으로 볼 수 있게끔 가능케 하는 것은 치료자의 자질에 의해서다. 치료자의 인격, 치료자 도량의 넓이가 폭넓을 때 내담자는 치료자에게 특별한 체험을 한다. 내담자가 자신이 수용된다는 것, 자신이 존중받는다는 체험을 할 수만 있다면 내담자는 이전에는 자신이 수용하지 못하고 부정적인 것밖에는 보이지 않던 측면을 자기 안에서 사랑을 가지고 돌볼 수 있다는 것이 가능하게 되는 것이다. 그와 같이 사랑의 포용력은 내담자의 마음속에서 약한 부분을 보호하는 역할을 하는 것이다. 그렇지 않을 경우 내담자의 아픈 자리가 배려 없이 억압만 당하고 있는 상처는 더 커질 것이다. 이 사랑은 내담자가 어떠하더라도 내담자

의 전체성의 그대로를 모두 진실하게 받아들임으로써 사랑 그 자체
를 표현할 수 있다.

노이만의 심성발달 이론을 적용한 칼프는 자아의 긍정적인 발달
은 성공적인 자기의 출현에 의해서만 가능하다고 하였다. 자기의
출현이 인성발달을 도모하고 통합에 이르게 한다고 말한다. 건강한
자아는 안정된 자리에서만 발달할 수 있다. 자유롭고 보호받는 곳
에서 정신은 스스로 안정된 자리를 잡으려 하는 본능적인 경향이 있
다. 이 자유로운 공간은 치료자가 아동을 완전히 신뢰하고, 수용할
수 있는 치료적 상황에서만 가능하다. 아동은 자신이 어떠한 상태
이더라도 혼자가 아니라고 느낄 때 비로소 안전하고 자유롭게 표현
할 수 있다. 자유롭고 보호된 공간은 모래상자이며 동시에 치료자
의 인격이다.

와인리브(Weinrib, 1983)는 모래놀이치료의 방법에 적합한 여덟
가지 개념들을 제시하였다.

첫째, 개인의 심리적 발달은 전형적으로 결정된다. 그러나 보편적
인 상황에서는 모두 유사하다. 이는 의식의 부분은 모든 사람이 다
르지만 집단적 무의식의 영역은 유사하다는 것이다.

둘째, 정신은 의식과 무의식 그리고 그 둘 사이의 상호작용에 의
해 이루어지고 정신은 목적론적으로 자기규제 시스템을 지향한다.
이것은 전체성에 대한 충동을 포함하고 무의식의 보상 기능을 통한
그 자체의 균형을 잡으려는 경향을 갖는다. 자기실현과 전체성으로
의 방향성은 정신도 신체처럼 부적절한 상황에서 스스로를 치유하
는 경향성을 갖는다는 것이다.

셋째, 자기는 정신의 전체인 의식과 무의식을 통틀어서 말한다.

다시 말해, 자아는 의식의 중심이고, 자기는 의식과 무의식인 정신의 핵심적인 조직 요소다. 현대의 의식 전개에 있어 특히 서구의 지적발달에서 자아는 자기보다 우세함을 얻는 듯하다. 정신 영역에서 지성의 탁월함은 불균형적이고, 지나치게 합리적이고 이성적인 측면은 신경증을 불러일으키기 쉽다. 자아는 보상의 방법에 있어 감정적으로 설명된 콤플렉스에 의해 영향을 받기 쉽다. 자아가 활성화된 콤플렉스를 억누르거나 무시하려고 노력할수록 콤플렉스는 자아의 조절 능력을 더 빼앗는다. 융 학파의 분석과 모래놀이치료의 제일 목적은 자기실현이다.

넷째, 융의 근친상간 이론의 재해석은 다음과 같이 말할 수 있다. 어머니가 신체적 삶의 근원인 것처럼 무의식은 심리적 삶의 근원이다. 어머니와 무의식은 여성성의 상징으로 보일 수 있다. 어머니에게로 돌아가겠다는 충동은 무의식으로 돌아가려는 충동으로 보일 수 있다. 이러한 충동이 해결되지 않을 경우 퇴행하여 병리적으로 또는 죽음으로 이끌 수 있다. 자아 발달과 어머니로부터 분리의 단계에 이를 때 융은 개성화 과정에서 필사적으로 무의식으로 재연결되려는 충동을 보았다. 무의식으로부터의 분리와 재연결 관계를 유지하는 의식과 무의식의 상호작용을 하는 것이 자기실현, 개성화 과정의 핵심이다.

다섯째, 심리치료와 의식의 확장은 관련되어 있지만 일치하지는 않는다. 치료는 먼저 상처 입음과 유기체의 기능 손상이 본래의 기능을 회복할 수 있는 가능성을 내포한다. 그러므로 상처는 치유되고 자연스러운 기능을 회복시키는 것을 의미한다. 모래놀이치료는 치유와 성장을 의미한다.

여섯째, 노이만은 심리치료에서 의식의 심층에서 일어나는 일련의 감성적이고 비이성적인 현상이 무의식에서 올라오는 가설로 제시하였다. 칼프는 이를 언어 전 단계라고 불렀다. 이 수준에서 치료는 인격의 재구축과 의식의 확장을 가능케 한다고 보았다.

일곱째, 치유와 의식의 확장은 심리치료의 바람직한 결과다. 모래놀이치료 기법은 치료를 시도하고 치료를 가속화한다고 믿는다. 콤플렉스, 꿈, 성격과 생의 문제들의 언어적 분석은 의식으로의 과정이며 모래놀이는 연장된 해석과 직접적인 사고로 인해 치유를 가능케 하는 창조적인 퇴행을 고무시키는 무의식의 작업이다. 간혹 내담자는 꿈의 이미지들을 모래상자에서 표현한다. 예를 들면, 꿈에서 두 존재가 나타나는 것이 다리의 이미지와 관련이 된다면 다리는 연결의 상징이다. 모래놀이에서 다리는 사실 분리된 두 부분을 연결시켜 준다. 그리고 신체적인 사실은 무의식에 영향을 주어 왔다. 그래서 모래상자의 표현을 '눈 뜨고 꾸는 꿈'이라고 한다.

여덟째, 자연적 치유 과정은 효과적으로 치료적 놀이와 자극에 의해 야기될 수 있다. 모래상자를 만드는 것은 상징적이고 창조적인 활동이다. 내담자가 모래상자를 만드는 것은 자발적이다. 매 회기마다 모래상자를 만들지는 않는다. 그러나 지속적으로 모래상자를 만들지 않을 때 내담자가 저항한다고도 볼 수 있다. 이때 치료자는 인내하고 기다리면서 언어 상담, 혹은 아동과 청소년일 경우 놀이나 그림 또는 그 외의 게임 등 관계 형성을 돈독하게 도모하는 것이 중요하다. 언어분석 과정에서 목표는 인과적·목적론적 통찰과 의식의 확장이다. 그러나 모래놀이치료는 무의식과 의식의 본질로부터 발생되는 상징적 의식을 가능한 한 통합하는 데 목적을 둔다. 모래

놀이에서 생각이 깊고 명상적인 과정의 이해는 치료 과정 자체보다
는 덜 중요하다. 무의식적인 놀이는 의식에 반영되므로 놀이 자체
가 치유적이다. 모래놀이는 손으로 하는 작업이다. 손은 지성보다
더 많은 것을 알고 있다. 손은 의식적인 표현보다 무의식적인 표현
을 한다. 손은 신체와 정신을 연결하는 교량의 역할을 한다. 그러므
로 모래놀이는 손으로 하는 작업으로 내담자의 무의식과 의식을 연
결하는 교량의 역할을 한다. 그래서 모래놀이치료는 의식과 무의식
의 연계를 가지고 왕복 운동을 하도록 도모한다.

제 4 장

가와이 하야오의 모래놀이치료

스위스 취리히에 있는 융 연구소에 유학 중이었던 가와이 하야오 (河合準雄)는 칼프의 집에서 모래상자를 만들어 보았다. 그는 직감적으로 일본인에게 모래놀이치료가 적합할 것이라고 느꼈다. 그는 1965년 귀국하여 일본 전역에 모래놀이치료를 보급하였다.

모래놀이치료는 일본에서 '모래상자요법(箱庭療法)'이라 부르고 현재는 일본 전역에 보급되어 있으며, 큰 효과를 보고 있는 '심리치료'의 한 방법으로 자리매김하였다. 일본모래놀이치료학회장이었던 가와이 하야오는 국제모래놀이치료학회를 창립하고 일본 경도에서 제1회 국제모래놀이치료학회 학술 대회를 개최하였다.

모래놀이치료의 관점

모래놀이치료는 치료자와 내담자가 온전히 믿기 때문에 모래상자에 아름다운 장면이면 감탄하고, 투쟁하는 장면이면 함께 투쟁하고, 내면의 비참하고 참을 수 없는 아픈 자리가 나타나면 함께 아파하는 것이다. 내담자는 믿어 주는 사람이 있으면 자기의 내면을 바라볼 용기를 낼 수 있고, 그 용기는 그가 그 자신과 하나가 되어 통합할 수 있도록 해 준다.

가와이 하야오의 모래놀이치료는 작품을 해석하지 않는다는 점이 특이하다. 그러나 이것은 치료자가 작품을 이해하지 않는다는 의미가 아니다. 치료자가 내담자의 진행 과정을 같이 하기 위해서는 그것을 어느 정도 이해할 필요가 있는 것이다. 융은 상징이란 우리들이 언어에 의해서 완전하게 표현하기 어려운 것이라고 지적한 바 있는데 그것이 바로 중요한 것이다. 모래상자 작품이 가지는 의미를 될 수 있는 대로 언어적으로 파악하려고 시도해 보는 것은 좋은 일이다. 그러나 그렇게 해서 의미가 풀렸다고 단정한다면 그것은 잘못이다. 따라서 모래상자 안에 놓인 하나하나에 대해서 그것을 무엇이라고 말을 함으로써 해석하려는 것은 오히려 내담자에게 해롭기만 하다.

치료자는 작품을 내담자의 있는 그대로의 모습과 작품의 전후 흐름 속에서의 연관 등에 의해서 파악해야 한다. 다시 말해서 개개의 상자는 모두 다르므로 상투적인 해석이란 있을 수 없으며, 치료자는 내담자의 상자 하나하나에 대해서 온 힘을 쏟아야 한다. 물론 어느

정도의 지침은 있다. 그것은 '통합성' '공간 배치' '주제' 라는 관점
에서 볼 수 있다. 그러한 것은 경험에 의해서 옳다는 것이 확증되어
온 것으로 느껴진다. 모래상자를 만드는 데 있어서 이중으로 지켜
주는 존재물이 있다는 것과 모래에 접촉함으로써 원하는 퇴행이 일
어나기 쉽다는 것이다. 또한 심층의 표현이 일어나기 쉬운 그와 같
은 이유 때문에 모래놀이 표현에 있어서 그 사람에게는 종교적 체험
과 같은 것을 하기 쉬워진다는 것을 알 수 있다.

　다시 말해서 같은 관점에서 볼 때 정도의 차이는 있을지언정 모래
상자에서는 비일상적 영적 체험에 근거를 둔 표현이 많이 나타나 있
는 것을 알 수 있다. 여기서 영적 체험 같은 것이라고 말한 것은 모
래상자에 있어서 종교적인 상징물인 관음상, 마리아상, 십자가, 신
사불각 등에 의해서 표현되는 것이라고 한정 짓지 말아야 한다. 일
반적인 나무, 꽃, 동물 같은 것이 그와 같이 깊은 뜻을 가지고 놓이
게 될 때도 있으며 반대로 종교적 사물이 단순히 일상적인 사물로
놓일 때도 있다. 즉, 종교인이 모래상자에 종교적인 상징물을 표현
할 때 일상적일 수 있다. 오히려 종교인의 상자에 놓인 나무, 꽃, 동
물 같은 상징물이 종교적인 심성을 나타낼 수도 있다.

　때로는 일상생활을 파괴하는 큰 사건인 죽음이란 것은 어린이들
에게도 대단한 사건이다. 그러나 현대에서는 죽음을 받아들이기 위
한 본래의 '장례식' 이 깊은 종교성을 띠고 행사하는 것이 적어졌
다. 그래서 오늘날에는 개개인이 각자 죽음을 받아들이지 않으면
안 될 때가 많다. 내담자들은 주변에서 죽음을 체험한 후에 모래상
자에서 장례식을 치르는 감동적인 예도 있다.

　융은 자기상징의 하나로서 중시하고 있는 만다라 표현이 그 후 발

전의 기반이 되어 치료 후의 좋은 경과를 기대할 정도로 예견될 경우와 만다라 표현이 최후의 성채처럼 나타나 불안이 고조화되어 무의식의 범람을 막으려고 하는 경우도 있다. 만일 격파당하게 되면 병의 경과가 아주 악화되는 경우로 분열되는, 즉 양극단으로 쪼개져 나간다. 후자와 같은 경우는 만다라 표현이 극히 기하하적이고 부족한 것이 많다. 일반적으로 기대되는 만다라 표현은 기하학적 대칭성보다는 요소 간에서 작용하는 역동성이나 거기에 포함되는 내용이나 주제가 풍부하다고 느끼게 할 때가 많다. 기하학적인 만다라가 이어서 표현될 때는 오히려 위험 수위가 높은 정신증을 의심해야 할 것이다.

　모래놀이치료에서는 흔히 영역을 구분한다. 울타리나 다른 칸막이를 가지고 완전히 구분할 때도 있는데 산과 평지라든가, 사람이 있는 곳과 없는 곳이라든가 하는 애매한 수단으로 구분할 때도 많다. 구분된 세계의 통합이라는 것이 모래놀이치료 과정 안에서 잘 나타난다고 볼 수 있다. 인간 생활에 있어서 일상과 비일상, 삶과 죽음, 선과 악, 의식과 무의식, 문화와 자연, 마음과 몸 등 대립하는 것이 많이 있으며 그러한 대립을 어떻게 통합하느냐는 것이 인간에게 있어서 큰 과제다. 따라서 두 세계의 통합과정이 모래놀이치료 안에서 잘 일어나는 것도 당연한 것이라 생각한다. 또한 추가한다면 두 세계의 통합과정에서 영역의 분할이라는 표현도 상당히 많이 일어난다. 이것은 앞서 말한 대립된 두 개를 중개한다든가 혹은 매개자로 보일 때도 있다는 것이다. 그러나 융이 말한 의식, 개인적 무의식, 집단적 무의식이라는 마음의 3층 구조에 따라 생각해 보면, 그것이 좋게 이해될 때가 있다.

 혹은 헬만(Helman)이 지적한 바와 같이 그리스에서는 마음과 몸
의 대립만이 아니고 양자의 사이에 혼의 존재를 가정하여 마음, 혼,
신체의 3영역으로 인간을 구분하는 사고방식이 있었던 것 같다. 이
와 같은 생각을 적용해 보는 것도 재미있을 것이다. 인간의 의식 혹
은 세계를 층 구조로 보고 파악하려는 생각은 동서양을 불문하고 있
었다. 모래상자의 작품을 그 개인의 자유로운 표현이라고 볼 때, 영
역 분할의 문제는 극히 흥미로운 것이 된다. 그 가운데서도 3영역
분할의 문제는 앞으로도 깊이 추구해 나갈 사항이라 생각한다.
 몇 차례 같은 모래놀이 작품이 계속적으로 놓이면 중요하다고 생
각될 때가 있다. 이와 비슷하게 같은 꿈이 지속적으로 나올 때 트라
우마적인 심리적 외상이 심각할 때 그럴 경우가 있다. 모래상자도
그렇게 이해하면 좋을 것이다. 그러나 어떤 상이 일관적으로 계속
나올 때가 있다. 이러한 측면이 무엇을 나타내는가는 제각기의 사
례에 대한 고찰에서 다르다. 놓인 장소에 따라 달라지므로 분명하
게 결정하기가 곤란하다. 이는 내담자의 내면 세계의 중요한 부분
으로 어떤 역할을 지니고 있다고 볼 수 있다. 내담자의 자아일 수도
있다. 때로는 내담자 심층의 풀어내야 할 악의 표상, 그림자일 수도
있다. 때로는 부모상이나 치료자상이 되기도 하고, 지혜를 베풀어
주는 사람이기도 할 것이다. 어떤 때는 명백히 이름 붙일 수 없다 할
지라도 일종의 '수호'와 같이 그 존재로 하여금 내담자가 안전하게
모래놀이 표현을 할 수 있도록 돕고 있는 것일 것이다. 다만 내담자
의 자아상으로 보면 이해하기 쉬운 경우가 많은데 그와 같은 때에도
그 사람의 어떤 측면을 표현하고 있는지를 주목해야 할 것이다. 막
연히 자아상이라 부르면서 만족하는 것은 사료 부족이라 할 것이

다. 때로는 어떤 상징이 내담자 자신을 표현하는 것보다는 성장하
는 변화 과정 안에서 자아를 나타내기 위해서 놓는다는 것을 알아야
할 것이다.

융은 인간 의식의 중심으로서 자아와 의식, 무의식 전체를 포함하
는 마음의 중심으로서 자기를 구별해서 생각했는데 모래놀이치료
에서 놓인 자아상은 변화하고 성장하고 있는 상으로 파악하는 것이
적절하다고 생각한다. 거기에는 어떠한 의미로서 장래에 대한 전망
이 더 있는 것이다. 이 점에 대하여 말하자면 거기에 나타난 모습이
바로 그 현실의 내담자의 상을 나타내는 것이 아니라는 점에 대해서
주의하여야 한다.

모래상자의 작품에 대해서 치료자의 마음에 자연히 일어난 감정
을 중요시하여야 한다. 특히 모래상자에 나타난 공격성, 잔학성 등
에 대해서 치료자가 참기 힘들다고 느낄 때나 너무나도 이상해서 치
료자의 통합성을 가질 수 없다고 느낄 때는 모래상자를 중지시키는
것이 필요하다. 이때 중지시키는 것도 치료자의 힘이다. 치료자의
역량을 너무 초월한 모래상자 표현은 파괴성을 증대시킬 뿐만 아니
라 치료 효과도 좋지 않다. 살인, 사고 등과 같은 과격한 표현도 모
래상자의 틀 안에서 놓이는 한 이러한 사건이 지켜지는 공간 안에서
표현됨으로써 가능한 것이다. 그러나 거기에도 역시 한계가 있다는
것에 유의해야 한다.

'통로'로서의 모래상자

모래상자는 내담자가 자신 안으로 들어갈 수 있는 문이다. 치료자는 내담자가 이 문을 통과하여 자신의 집 안으로 들어갈 수 있도록 열어 주는 통로다.

깊은 전이 관계는 치료에 도움이 된다. "나는 당신을 깊이 사랑하고 있습니다."라고 말해 보아도 전이 관계가 없으면 소용이 없다. 무의식의 깊숙함에 도달하려고 할 때 우리는 적절한 통로를 필요로 한다. 통로 없이 무의식에 도달하려고 하면 커다란 위험에 봉착해 버리거나 주위를 맴돌고 있게 될 뿐이다. 이와 같이 생각하면, 모래놀이치료에 있어서 모래상자가 그 중요한 통로의 역할을 하고 있다는 것을 알게 된다.

치료자가 내담자에게 모래놀이를 권하고 내담자가 그 모래상자에 무언가를 하려고 시작할 때 그것은 무의식 세계의 문을 살짝 연 것이 된다. 거기서 내담자가 모래에 접할 때 그는 제2의 문을 열었다고 해도 좋을 것이다.

모래상자가 통로로서 얼마만큼 내담자와 치료자를 지키고 있는지 예측할 수는 없지만 이러한 적절한 '통로'를 준비함으로써 비로소 우리는 '깊숙함'에 도달할 수가 있고 또 돌아올 수도 있다. '통로'는 그것을 통과할 때 일상적인 세계와 '연장'하여 진기한 세계가 존재한다는 것을 분명하게 해 준다. 이러한 세계가 '통로'에 의해 평범한 일상적 세계와 연결되어 있는 것에 의미가 있다. '통로'는 얼핏 보아 두 개의 세계로 나뉘는 것처럼 보인다.

'통로'는 분리감을 맛보기보다 자기가 속해 있는 현실과 진기한 세계와의 '연장과 이어짐'의 연속감을 맛보게 한다. '연장과 이어짐'은 대단히 중요한 것이다. 깊은 세계에서의 체험은 일상적인 세계와 연결된 것이 아니면 안 되기 때문이다. 모래놀이치료에 있어서도 내담자가 일상 세계 속에서 치료실로 들어와 모래상자에 접할 때 그것이 '통로'가 되며, 그것을 통한 '왕복 운동'은 일상생활과의 연결 속에서 내담자의 자기실현 과정이 달성되는 것이다.

깊은 세계에 도달하는 '통로'로서는 단순히 모래상자뿐만 아니라 그 옆에 서 있는 치료자의 인격이 크게 관련되어 있다. 때문에 치료자로서는 '깊은' 역전이가 생기는 만큼의 '통로'로서 자기 자신을 단련시켜 가는 데 힘을 다해야 한다.

이곳에 사용한 '통로'라는 표현은 판타지론 안에서 사용한 용어를 빌려 쓴 것이다. 『한밤중 톰의 정원에서(Tom's midnight garden)』(Pearce, 1992)라는 영국의 동화에서 '통로'의 의미를 논하고 있는데, 주인공 톰(Tom)은 여름방학을 맞이하면 동생과 정원에서 여러 곤충과 식물을 탐색하면서 즐겁게 놀 것을 기대하였으나 전염병에 걸린다. 톰은 부모와 떨어져서 잠시 이모 집에 맡겨진다. 부모님과 특히 정원을 생각하면서 쓸쓸하고 외롭고 낯선 곳에 온 톰은 잠이 오지 않아 마음이 초조하던 중에 침대 계단 밑에 있는 시계가 13번이나 치고 있는 것을 듣는다. 그는 기이하게 생각하여 계단 밑으로 내려가니 낮에 시계가 걸려 있던 곳에 문이 있음을 발견한다. 톰은 문을 연다. 그런데 그곳에는 화려한 꽃이 피어 있는 정원이 있었다. 톰은 놀란다. 톰은 내일 다시 이 정원을 살펴보려는 결심을 하고 돌아와서 잠을 잔다. 그런데 다음 날 톰이 아무리 살펴보아도 그와 같은 정원은 없는 것이었다. 그런데 그날 밤도 시계가 13번 울려 톰은 정원과 통하는 문을 열고 그곳에 있는 화려한 정원을 본다. 어제 본 정원보다 더 아름답다. 현실 세계는 한밤중인데 문의 저쪽에 있는 정원은 아침이며 꽃들이 지천에 피어 있고, 심지어 사람들조차 등장하고 있는 것이다. '한밤중 톰의 정원' 에서의 체험이 톰을 즐겁게 했고, 톰은 점차적으로 환경에 적응하면서 전염병이 다 나았으며 씩씩하게 집으로 돌아간다. 여기서 중요한 것은 이와 같은 체험이 톰의 자아를 점차 튼튼하게 하여 자립적으로 만들어 갔다는 것이다. 톰은 부모를 그리워해서 처음에는 집으로 돌아가기만 바랐는데 어느 사이엔가 여기에 좀 더 있어도 된다고 생각하는 소년다운 자립심을 갖게 된 것이다.

　톰이라고 하는 소년이 자신의 정체성을 확립해 가는 데서 자신의 현실 세계를 감지하기 위해서는 비현실적인 정원이 필요했던 것이다. 그는 그 '정원' 에서의 경험을 통해서 사랑이란 무엇인가, 시간이란 무엇인가 등 삶의 근본 문제에 대해 나름대로 알아낼 수 있었던 것이다.

　『한밤중 톰의 정원에서』의 경우, 정원으로 통하는 문의 역할이 중요하다. 이 안에서 문은 인간의 진실한 모습이라든가 가치를 발견하기 위한 '통로' 로 되어 있다. 그 문의 한 발짝 앞에는 아무런 이상이 없는 일상생활이 기다리고 있다. '문을 지난다.' 는 것은 판타지 세계에서 다시 현실 세계로 돌아온다는 것을 말하는 것이다. 이 현실 세계에서 판타지 세계로 연결되는 왕복 운동, 즉 되풀이하는 즐거움이 '통로' 에 의해서 성립되어 간다.

　이 '통로' 를 모래상자로 바꾸어서 읽어 보면, 지금까지 모래놀이

치료에 대해서 말해 온 것과 잘 맞아 들어간다는 것을 알 수 있을 것이다. 우에노가 말하는 '왕복 운동'은 내담자가 치료자에게 몇 번이고 통하고 몇 번이라도 모래상자를 만들어 간다는 것과 부합되는 것이다. 물론 즐거움은 깊어 갈수록 언제나 괴로움을 동반하는 것이므로 이 '왕복 운동'에는 괴로움도 있다는 것을 잘 자각할 필요가 있다. 우에노의 말을 인용해 보려고 한다.

"'통로'는 그것을 지나갈 때 일상적 세계와 땅을 이어서 가는 이상한 세계가 존재하고 있음을 명확히 해 주고 있다. 이와 같은 세계가 '통로'에 의해서 평이한 일상 세계와 결부하고 있다는 점에 의미가 있는 것이다. '통로'는 얼핏 보기에 두 개의 세계를 분리하는 것처럼 보인다. 그러나 분리감을 맛보는 것보다 자신이 속해 있는 현실 세계와 판타지 세계와의 땅이 이어지는 연속감을 맛보고 있는 것이다."

여기서 그가 말하는 '땅에 이어가기'의 연속감은 대단히 중요하다. 깊은 세계에서의 체험은 일상적인 세계로 연결되어 있지 않으면 안 된다. 모래놀이치료에서도 내담자가 일상 세계 안에서부터 치료실로 들어와서 상을 마주할 때 그것이 '통로'가 되어 모래상자를 통한 '왕복 운동'이 내담자의 의식과 무의식의 연결, 즉 무의식과 일상생활과의 연결 속에서 내담자가 성장하는 것이다.

'통로'의 의미가 명백해지면, 치료자가 치료자로서 깊은 세계로 내려가기 위한 적절한 '통로'를 가져야 할 필요성을 인식할 것이다. 그리고 모래상자라는 것은 그 통로로서 대단히 잘 되어 있음을 알 수 있을 것이다. 한정된 틀과 접촉함으로써 퇴행을 유도하는 모래, 비언어적 이미지를 표현의 수단으로 삼고 있다는 것, 이것은

'깊은' 전이 관계를 성립시키는 데 있어서 모두가 역할을 잘 수행하고 있는 것이다. 따라서 이미 말한 바와 같이 "모래상자를 만들어 보시겠습니까?"라고 말할 때 이미 치료자의 깊은 역전이가 생겨나기 시작하며 이 일을 잘 자각하는 것이 필요하다. '통로'로서 진실로 적절한 모래상자를 함으로 인해 모래놀이치료에 있어서의 전이는 '깊은' 전이로 되기 쉬우며, 이때 치료적으로 되는 것이다. 물론 내담자가 모래상자라는 '통로'로 통하는 것을 거부할 때 다른 방법을 취해야 한다.

깊은 세계에 도달하는 통로로는 모래상자뿐만이 아니고 그 옆에 서 있는 치료자의 인격이 크게 영향을 주고 있기 때문에 치료자로서는 '깊은' 전이가 생겨날 수 있는 '통로'로서 자기 자신을 수련해 나가는 데 힘을 다해야 한다.

모래놀이치료에서의 전이와 역전이

모래놀이치료는 내담자와 치료자가 함께 나누는 자리다. 그대로 있음으로 그 자리에 존재함 자체로 내담자는 치료자에게 힘을 받는다. 내담자가 소품을 가져와서 모래상자 안에 놓을 때 치료자의 마음에 파동이 일어난다. 이는 다시 울림으로 내담자에게 전해진다.

프로이트는 분석하는 동안에 내담자가 그 자리에서 그다지 마음에 들지 않는 감정을 분석가에게 보이는 현상에 주목해서 그것은 내담자가 유아기에 체험한 감정, 내담자가 억압당한 것들을 치료자를 향해서 전이해 오는 것으로 생각하였다. 그 사람은 이와 같은 전이

현상을 내담자로 하여금 해석하고 나타내 보임으로써 내담자가 유
아기 체험을 근거로 한 무의식적 심성을 의식화하는 데 도움이 된다
고 생각하였다. 그는 분석하는 사람의 존재 방식이 그와 같은 현상
에 영향을 주어서는 안 된다고 생각하여 소위 분석가의 '숨은 몸-
은신' 이란 것을 중요시했다. 그리고 이와 같은 생각을 연장시켜 분
석가의 내담자에 대한 역전이를 내담자를 치료하는 데 방해되는 요
인으로서 바람직하지 못하다고 생각하였다. 이것이 정신분석 초기
의 생각이다.

　프로이트와 헤어진 융은 일찍부터 치료에서 역전이의 유효성에
대해서 지적하고 있다. 융 학파의 역전이에 관한 생각은 치료가 깊
어 감에 따라 치료자는 내담자와 함께 개성화 과정에 깊이 관여해
간다는 것으로 생각하고 있다. 이와 같은 생각은 무의식에 대해 긍
정적이다. 무의식에는 물론 파괴적인 힘이라든가 부정적인 내용도
존재하지만 그것은 오히려 인간의 개성화 과정을 촉진해 가는 원동
력으로 보았다. 그리하여 그것은 적극적인 역전이의 자세를 가지고
내담자가 자기의 무의식의 새로운 내용과 연관해 나가는 데 있어 치
료자에게 힘을 받는 내담자에게 전이가 일어나게 한다. 이는 또한
치료자에게 역전이가 일어나는데 이를 공감, 모래놀이치료의 꽃이
라고 한다. 이때 모래놀이치료는 새로운 차원으로 이동하는 것을
촉진하는 기폭제가 된다.

　프로이트 학파에 있어서도 역전이의 유효성을 인정하는 태도가
1960년 때부터 점점 강해졌다. 그리고 현재에도 이점에 대해서는
프로이트 학파와 융 학파의 차이는 그다지 크지 않다고 말할 수 있
다. 분석적인 훈련을 아무것도 받은 바 없이 심리치료나 상담을 하

는 사람 가운데 "남을 위해서 애쓰는 것은 훌륭한 일이다."라고 말
하는 것과 같은 너무나 단순한 발상으로 역전이를 생각하는 사람도
있다. 극단적인 경우 면접실이 아닌 다른 곳에서 내담자를 만나는
일이라든가 시간 연장을 안일하게 하는 등 치료 구조를 무시해 버리
게 된다. 그럴 때는 내담자의 틀을 넘어서는 것을 조장시켜 주기 쉽
고, 치료자는 점점 더 격렬한 전이와 역전이 관계에 휩쓸리게 된다.
더욱이 아주 곤란한 사례가 되면 어느 정도의 틀을 넘어서는 것도
피하기 힘들다고 생각된다. 그러므로 모래놀이치료 환경 안에서 내
담자와 치료자 간의 감정의 교류를 전이와 역전이로 보는 것이다.
내담자가 틀을 넘어서는 것이 격렬한 데도 불구하고 치료를 진전시
킨다든가 내담자의 전이가 강해서 강한 공격성이라든가, 동정심이
표현되면서 모래놀이치료가 진행될 때는 무의미하다고 볼 수 있다.

전이와 역전이의 강도 심화

　내담자는 치료자에게 온전히 맡길수록 더 깊어진다. 치료자는 내
담자의 깊이에 그 자신도 깊어지면서 치유되어 간다.
　내담자가 치료자를 향해서 "선생님 얼굴은 보는 것도 싫다."라든
가 "때리고 싶다."라고 직접적으로 공격을 하고, 때로는 폭력을 쓰
는 경우 이 전이는 '강한' 전이다. 혹은 소품을 내담자에게 던진다든
가, 모래를 밖으로 계속 뿌린다든가, 물을 넘치도록 붓는다든가 하
는 것도 강한 전이다. 혹은 강한 양성 전이로서 연애 감정이 표명될
때도 있을 것이다. "선생님과 함께 살고 싶다."고 말할 수도 있다.

이와 같이 치료자 개인에 대해서 직접적으로 강한 감정이 표출될 때 그것은 '강한' 전이다. 예를 들면, 내담자가 할머니의 죽음에 대한 슬픔을 직접 치료자에게 표현한 것이 아니라 치료자에게 대신 할머니가 되어 달라고 요구하는 것이 강한 전이다. 그러나 도대체 할머니는 죽고 나서 어디로 간 것인가? 이것은 잠재적으로 '사람의 죽음을 어떻게 받아들여야 하는가' 라는 보편적인 문제와 연관되어 있다. 즉, 비언어적이기는 하지만 어떠한 큰 문제에 대해서 그 해결을 치료자와 함께하여 그것을 표현하는 것을 결의할 때 거기에는 '깊은' 전이가 생겼다고 생각하는 것이다. '깊은' 인간관계를 토대로 함으로써 비로소 그와 같은 곤란한 문제하고 맞붙어서 겨루어 나갈 수 있는 것이다.

여기서 비유적으로 표현하자면 강한 전이의 경우 그 방향이 내담자로부터 치료자에게 횡으로 작용하고 있는 데 대해서, '깊은' 전이의 경우 그것이 '아래'로 향하고 있다고 말할 수가 있다. 치료자의 역전이의 방향에서 말한다면 그것은 무의식을 향해 열려 있는 것이며 내담자의 자아를 향해 '옆으로' 열려 있는 것은 아니다. 물론 이때에 강한 전이와 깊은 전이는 반드시 반대가 되어야만 하는 것은 아니다. 강하고 깊은 전이도 있을 수 있고, 강하면서도 깊지 않은 전이도 있을 것이다.

치료자로서 중요한 것은 전이의 '세기'에 눈을 돌려 빼앗기고 '깊이'의 차원을 놓쳐서는 안 된다고 생각한다. 혹은 치료자가 '강한' 역전이를 일으켜서 그 때문에 '깊은' 변용 과정이 생기는 것을 방해하는 때도 있을 것이다.

내담자는 무거운 증상에 시달린다든가 불행한 운명에 의해서 고

통을 당하고 있을 것이다. 거기에 대해서 직접 어떻게 해서라도 도
와주고 싶어 한다든가, 그와 같이 느끼게 될 때에는 '강한' 역전이
가 생겨나게 되고 '강한' 전이를 불러일으키는 것도 될 것이다.

　'깊은' 전이와 '깊은' 역전이는 치료자가 직접 내담자를 향하는
것이 아니고 내담자의 모래상자를 통하여 치료자가 자신 내면의 무
의식을 향해서 깊이 가라앉는, 그때 거기에서 비로소 내담자의 무의
식과 만나는 공감이 일어난다. 내담자는 내적 힘이 활성화되어 가
고, 이때 내담자에게 '깊은' 전이가 일어난다. 이러한 '깊은' 전이
는 내담자가 치료자를 향해 전적으로 자신의 전 존재가 수용받는 상
태의 기분이다.

　'강한' 전이 현상은 다른 사람의 눈에 띄기 쉽다. 따라서 '강한'
전이로 치료가 진전될 때 "잘 했다."라는 느낌을 다른 사람에게도
주고 싶고, 이때 치료자는 자기 만족을 갖게 된다. 그러나 깊은 전이
의 경우는 곁눈질로 보면 그다지 극적인 일이 생겨나지 않기 때문에
거기에 쏟은 치료자의 심적 에너지량에 대해서 느껴 보지 못할 때가
많다. 이 점을 모르기 때문에 "한 시간만 상담실에서 이야기를 나누
었을 뿐이다."라든가 "모래상자를 만들게만 하는 것으로는 의미가
없다."라는 비판이 생기게 되는 것이다. 그러나 오히려 내담자의 방
향에서 내면화가 될 수 있는 기회를 갖게 된다. 간혹 치료자는 치료
실에서 아무 의미 없이 고요하게 있을 뿐인데 내담자는 주호소가 사
라지면서 활기차게 좋아지는 것을 경험한다. 이는 깊은 전이로 내
담자는 내면의 자가치유력이 활성화된 것이다.

　모래놀이치료에 있어서 이미지는 중요하다. 이미지는 무의식이
의식으로 가져다주는 메시지이며 그것은 많은 양의 심적 에너지를

갖게 된다. 물론 이미지라 하더라도 그것이 의식에 가까운가 무의식에 가까운가에 따라 그 의미가 달라진다. 내가 단순히 친구의 얼굴이 어떠한가를 다른 사람에게 설명하기 위해서 심상이 떠오를 정도면 그것은 의식에 가까운 것이며, 거기에서 활동하는 심적 에너지도 적다. 그러나 오랫동안 만나지 않던 친구의 얼굴을 정겹게 생각해서 떠오르게 할 때에는 무의식에 더 가까운 것이다. 혹은 꿈에 그 친구가 나와서 생각지도 않은 말을 걸어올 때 차원이 다르다는 것을 느낀다. 그런데 사람이 아닌 동물, 식물, 광물로 모래상자 안에 상징화되었을 때의 이미지는 알 길이 없다. 그러나 의식의 자아는 알지 못하나 대단한 심적 에너지량을 보유하고 있는 것이다.

차원이 '깊어' 질수록 심적 에너지의 양이 커지며, 거기에 '감동'이 따르는 것이 특징적이다.

이미지가 가지고 있는 특성에 대해서 생각해 볼 때 치료자가 모래상자 만들기를 권한다든가, 꿈을 알고 싶다고 말할 때 거기에는 필연적으로 '깊은' 전이가 생겨나 있다고 말해도 좋다. 예를 들면, 천식을 하는 어린아이 사례에서 천식이 고통스럽기 때문에 어떻게 해서라도 도와주고 싶다. 어떤 때는 끌어안아 주고 싶다라고 느껴질 때 그것은 강한 역전이와 연결된다. 그러나 거기서 모래상자 만들기를 권했을 때 실제로는 쓸모없어 보이지만 그것은 깊은 전이와 역전이 관계로 가는 권유인 것이다. 깊은 전이 관계나 강한 전이 관계도 마찬가지로 늘 위험성이 따른다는 것을 알고 있어야 한다. 깊은 전이 관계에 의해 활성화된 무의식의 내용이라든가 그곳에서 움직이는 에너지에 대해 어디까지나 변용 과정을 함께해 나가는 힘을 치료자가 가지고 있지 않을 때는 큰 변이가 생기게 된다.

치료자는 전이가 급격하게 강한 전이로 변화하여 그것을 참아내지 못하게 되어 치료 관계가 파괴되어 갈 것이다.

깊고 강한 전이가 있는 것도 사실이다. 이때 치료자 자신이 극복해야 할 문제가 거기에 밀접하게 엉켜 있다고 생각된다. 치료자는 그런 때에 자신의 개성화 과정에서 해야 할 일에 대해 자각하고 그것을 성취하려고 노력하는 것이 필요하다. 그 외에 이 곤란한 상황을 헤쳐 나가는 길은 없다고 본다.

제 5 장

모래놀이치료의 적용

모래놀이치료의 기법

치료자는 내담자와 모래놀이치료실에 들어갈 때 마음을 비워야 한다. 모든 것은 내담자가 알아서 할 것이다. 치료자가 자신이 내담자에게 무엇을 해 준다라고 생각할 때 이미 치료는 일어나지 않는다. 치료자는 내담자 무의식 안에 있는 자가치유력을 신뢰해야 한다. 모래상자 앞에서 치료자가 내담자에게 "모래상자를 해 보시겠습니까?"라고 말할 때 내담자가 흥미를 가지고 시작하면서 모래놀이치료는 전개된다. 치료자는 내담자의 에너지의 흐름을 방해하지 않도록 주의하며 고요한 상태를 유지해야 한다. 오로지 경외와 존경, 사랑의 마음으로 내담자의 마음의 세계를 음미하면서 감동받는다.

치료자가 내담자에게 깊은 신뢰를 품을 때 이는 그대로 내담자에

게 전이된다. 내담자는 어머니 앞의 아이처럼, 온전히 치료자와 모
래상자에 자신을 내어 맡긴다. 자유롭고 보호된 공간, 안전한 기반
이 조성된 공간, 고요하면서도 은은하고, 따뜻한 분위기에서 내담자
는 자신의 세계로 자유롭게 빠져 들어갔다가 나왔다가를 반복하면
서 무의식의 신비한 바닷속을, 아름답기도 하지만 보고 싶지 않은
자신의 비참하고 열등한 부분들을 있는 그대로 용감하게 직면한다.

모래놀이치료의 물리적 환경

모래상자

모래상자의 크기는 모래상자의 안 치수가 57×72×7cm이며 모
래상자의 안은 하늘색이다. 안쪽을 파랗게 칠하는 것은 모래를 팠
을 때 물이 나오는 느낌을 주기 위한 것이고 때로는 하늘을 표현할
수 있도록 하기 위함이다. 모래상자는 직사각형이다. 정사각형이나
원일 경우 중심을 쉽게 잡을 수가 있다. 직사각형은 소품을 가지고
와서 '어디에 놓을까.' 라는 갈등을 불러일으키기 위함이다.

모래상자는 제한을 둔다. 모래상자 안에서의 자유롭고 보호된 공
간을 만들 수 있는 것은 모래상자가 제한적이므로 가능한 것이다.
모래상자 안에서는 어떠한 것이 일어나도 치료자가 자신의 도량이
감당할 수 있는 한 허용할 수 있다. 그러나 치료자가 감당할 수 없을
정도의 공격성이라든지 참아낼 수 없을 정도의 공포가 유발되면 치
료자는 제한하여야 할 것이다. 그러나 할 수 있는 한 치료자는 내담
자를 허용해 줄 수 있다. 내담자가 치료 장면에서 상자 밖으로 소품
을 내보낼 때 한계를 넘어서는 것이므로 치료자는 모래상자 만들기

를 중단하여야 한다. 이는 경계선을 넘는 것이므로 위험하다. 가와이 하야오는 이를 중단하지 않을 경우 정신증으로 심해질 수도 있으며 자살할 확률도 있다고 언급했다.

모래

로웬펠드는 갈색의 굵은 모래와 고운 모래, 흰 모래 세 종류를 사용하고 칼프는 갈색과 백색의 두 종류를 사용하고 있다. 모래는 자연 모래가 가장 좋다. 인간도 자연이기 때문이다. 모래는 마른 모래, 젖은 모래를 사용한다. 마른 모래는 정신 에너지의 흐름과 같다. 마른 모래는 물과 같다. 이리 보내면 이리 흘러가고, 저리 보내면 저리 흘러간다. 내담자의 손이 가는 대로 모래가 흘러간다. 모래가 흘러가는 것, 모래가 쌓이는 정도가 내담자 에너지의 흐름과 에너지의 양을 알려 준다. 마른 모래는 입으로 불면 날아가기도 한다(〈사진 1, 2, 3〉 참조).

젖은 모래는 모래를 쌓아올리기에 좋다. 산도 만들고 언덕도 만든다. 손을 모래 속에 넣고 두꺼비 집을 만든다. 젖은 모래는 강력한 내면의 충동을 일으킨다. 모성의 테마가 나오는 듯하다. 젖은 모래는 흙처럼 색깔이 짙어지면서 대지가 된다. 대지는 모성의 이미지를 가지고 있다. 처음부터 모래를 적셔 놓는 경우도 있다. 그러나 어떤 내담자의 경우에는 모래가 젖어 있는 것을 싫어할 수 있기 때문에 모래놀이치료실에 마른 모래를 준비해 놓고 옆에 물을 준비해 놓는 것이 안전하다.

| 사진 1 | 흰색 모래상자

| 사진 2 | 갈색 모래상자

| 사진 3 | 젖은 모래상자

소품

모래놀이치료에서 소품은 내담자의 다양한 마음을 표현할 수 있
도록 가능한 한 많은 종류로 준비한다. 또한 가능한 다채로운 표현
을 창출할 수 있도록 같은 종류의 소품이라도 다양한 크기와 색을
다수로 갖추는 것이 좋다. 꼭 준비해야 할 소품으로는 심리학적인
지층을 고려하는 것이 바람직하다. 우리는 의식에서는 인간이다.
그러므로 소품은 다양한 사람이 나와야 한다. 동시에 사람들이 사
용하는 모든 것이 있어야 한다.

무의식으로 내려가면 동물적인 측면이 있다. 동물 또한 다양해야
한다. 집에서 키우는 동물부터 야생동물, 인류의 시작부터 있어 왔
던 동물들은 유아, 아동들에게 자주 등장하는 상징물이다. 대표적
인 예가 공룡이다. 고릴라, 북극곰, 판다, 펭귄 등은 유아들과 가장
친한 동물인 듯하다. 더 깊이 내려가면 식물적인 측면이 있다. 나무

는 많은 상징성을 잉태하고 있다. 나무는 봄에는 싹을 틔우고, 여름
에는 잎사귀가 무성하고, 가을이면 단풍이 든다. 겨울이면 모든 잎
이 떨어지면서 앙상한 가지만 남는다. 나무는 인간과 가장 유사하
다. 매일 호흡을 하고 신진대사를 하는 인간은 하루, 한 달, 일 년이
지나면서 성장하고 환경에 지대한 지배를 받으면서 개성화 과정으
로 진행되는 것처럼 나무도 추운 겨울을 견디고, 봄바람과 여름의
폭염과 폭풍우를 견디면서 가을에 열매를 맺는다. 융의 '자연은 열
매를 헐값에 얻지 않는다.' 는 표현에서도 인간의 삶은 고통과 시련
을 통해서 더 깊어지고 성숙해지는 것이다. 더 깊은 부분은 광물적
인 측면이다. 돌과 바위, 조개비 등 광물에 속하는 모래는 모래놀이
치료에서 가장 중요하다. 모래는 퇴행을 불러일으키는 데 용이하
다. 돌의 반복된 부서짐으로 만들어진 모래는 인류 역사와 함께 해
온 영원히 변하지 않는 물질이다.

| 사진 4 | 소품 1

| 사진 5 | 소품 2

| 사진 6 | 소품 3

| 사진 7 | 소품 4

| 사진 8 | 소품 5

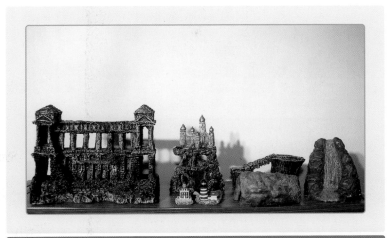

| 사진 9 | 소품 6

| 사진 10 | 소품 7

| 사진 11 | 소품 8

| 사진 12 | 소품 9

| 사진 13 |　소품 10

| 사진 14 |　소품 11

| 사진 15 |　소품 12

| 사진 16 |　소품 13

　비일상적인 세계를 표현할 수 있는 소품은 내담자들 마음의 깊은 표현을 가능하게 하는 데 아이디어를 준다. 종교적인 소품들인 불상, 예수상, 성모상, 교회, 종, 초, 연꽃, 사찰 등이 있다. 에너지의 강도와 속도, 양을 표현할 수 있는 비행기, 자전거, 오토바이, 승용차, 버스, 기차, 배 등과 소통을 표현하는 소품으로는 다리, 핸드폰, 공중전화기, 우체통, 울타리 등이 있다. 또한 부정적이고 공격적이며 내재화된 분노를 표출할 수 있는 소품은 화산 폭발, 맹수, 애니메이션의 공격적인 주인공들, 거미, 뱀, 뼈만 앙상한 공룡, 피라미드, 해골, 미라, 죽은 모든 것들 등이다. 그 외에도 투쟁을 표현하는 소품은 전쟁 도구들, 군인 등이다. 모래놀이치료 소품은 인간의 모든 부분을 표현할 수 있어야 한다. 남자 아동들은 공사하는 장면이 빠짐없이 나오는 듯하다. 여자 아동들은 공주와 아름다운 공주가 살고 있는 성, 때로는 야수나 공주가 잡혀 있는 마법에 걸린 성과 마녀의 등장이 자주 볼 수 있는 장면이다.

　모래놀이를 통해서 비일상적인, 무의식에 닿는 체험이 많이 나타나는데 소품은 무한한 환상의 가능성을 나타내고 있고, 모래놀이치료는 그러한 무의식에 닿는 체험이 일상적 현실에 반영되어 나타난다. 그렇기 때문에 사람이 모래상자를 할 때 생기는 이 두 세계의 통합은 내담자의 많은 내적인 가능성을 발휘하고 자아는 외부와의 적절한 관계를 통한 적응을 조절해 간다.

　인간의 커다란 과제는 자신 안에서의 대립 상황 즉, 일상과 비일상, 삶과 죽음, 선과 악, 의식과 무의식, 문화와 자연, 마음과 몸을 받아들이고 통합하느냐인데 이것은 모래놀이치료 장면에서 가장 중요한 맥락이다.

치료자

치료자는 내담자가 작품을 만들고 있는 동안 그 옆에서 허용적인 태도로 마음 깊이 존경과 신뢰를 품고 오직 사랑의 마음으로 작품이 만들어지는 과정을 내담자와 함께 음미하고 즐거워하는 기분을 가지도록 해야 한다.

치료자는 내담자가 모래상자와 소품을 사용하여 모래상자를 만들 수 있도록 안내한다. "여기 선반에 있는 소품을 이용해서 모래상자 안에 마음 내키는 대로 무엇을 만들어도 좋다."고 말한다. 이때 어떤 강요도 지시도 내리지 말고 허용적인 태도를 취하는 것이 바람직하다.

내담자가 "선생님도 함께 만들어요."라고 말할 경우도 있다. 이때 치료자는 자연스럽게 함께해도 좋다. 그러나 너무 앞질러서 주도하는 느낌이 들지 않도록 조심하여야 한다. 또는 손으로 모래만 만지작거리면서 작품을 만들 생각도 하지 않고 이야기를 시작하는 내담자도 있다. 이런 경우 무엇보다도 중요한 것은 모래놀이치료의 목적이 치료에 있는 것이지 작품을 만드는 것이 아니므로 치료자는 이를 자유롭게 판단해서 대처해 나가는 것이 좋다. 치료자가 작품 만드는 것을 고집하면 치료 상황은 혼미 상태에 빠지게 될 것이다. 무엇보다 중요한 것은 치료자가 내담자에게 항상 자유롭고 보호된 장면을 제공하는 일이다. 또한 모래놀이 작품에 대해 치료자의 마음에 저절로 생기는 감정을 중요하게 여기고 이를 기록해 놓으면 차후에 모래상자를 감상할 때 좋은 자료가 된다.

특히 모래놀이에서 내담자가 나타내는 공격성, 잔학성, 파괴성, 살인, 사고 등이 모래상자에 표현될 때 치료자는 견딜 수 있을 정도까지 허용하여야 한다. 이를 통하여 내담자는 치료자에게 자신의 가장 힘들고, 드러내기 힘든 취약하고, 부끄럽고, 수치스럽고, 열등한 측면을 드러낼 수 있으며, 이것이 치료자에 대한 믿음에서 나오는 모래상자다. 이때 치료자가 함께 고통스러운 장면을 공감하면서 괴로워하고, 견디어 주며 인내할 때 내담자들은 더 큰 내면의 열등한 측면을 드러낼 수 있을 것이다. 이 순간이 치료의 절정이다. 이는 과격한 역동이 허용되는 공간 속에서 표현이 통합되는 과정을 거치기 때문이다.

그러나 치료자 자신도 중요하므로 협심증이 일어날 것 같다든지, 도저히 견딜 수 없다고 판단되면 중지해야 한다. 내담자의 파괴성이 지나쳐서 내담자의 치료에 방해가 된다고 느끼거나 상자 밖으로 틀을 넘어서는 것 등 치료자의 마음에도 위험이 따라오면 정지해야 한다. 그렇게 하여야 치료자는 다음의 치료 장면을 편안하게 맞이할 수 있고 내담자와의 치료 관계도 계속 유지될 것이다.

모래놀이치료에서 가장 중요한 것은 내담자가 모래놀이를 시행하는 동안 치료자도 거기에 함께 있다는 것이다. 치료자는 해석하지 않고 그 자리에 있기만 하면 된다고는 하지만, 모래놀이치료는 치료자의 '도량의 크기'가 문제가 되는 경우가 발생하게 된다. 내담자의 증상이 가벼울 때는 그렇지 않지만 치료 기법의 적용 범위가 확대되어 가면서 치료자의 단순한 이해력보다는 인간으로서의 됨됨이 인격 자체가 문제되는 경우다. 암만(Amman)은 "요리를 가르치는 사람이 요리를 해 보지 않고 어떻게 가르칠 수 있단 말인가."라고 말한다. 치료자는 자신이 스스로 모래상자를 지속적으로 만들면서 교육상담을 받아야 한다. 이는 치료자의 정신적 안정성이 가장 중요하기 때문이다.

치료자의 도량이 적으면 아무리 모래상자를 만들어도 거기에는 '치유를 향한 흐름'이 생기지 않고 오히려 제자리걸음을 한다거나 때로는 파괴적으로 변하게 된다. 그러므로 치료자는 연금술의 '용기'와 같은 존재로서 자신의 일부분을 녹여서 그곳에 장소를 다시 만드는 역할을 하는 사람이다.

치료가 시작되면 상징적 표현이 행해질 때 전체의 흐름 속에서 표현의 의미를 생각해야지 언어화하는 작업이 있으면 치료의 흐름이 어려워지고 또 리듬을 못타며 멍하니 있어도 안 되거나 상대방의 표현을 받아들이지 못하고 분열이 일어나는 경우도 있다. 그냥 표현을 '푼다'는 것보다는 감동을 '음미'하는 것이 좋다.

치료자는 모래놀이치료의 중요한 부분인 이미지에 대해 잘 아는 것이 중요하다. 그러나 이미지라고 하는 것은 개념과는 달라 그것을 체험적으로 파악해야 하는 것으로 지적 학습에 의해서만 이루어지는 것이 아니라는 것도 잘 알아야 한다. 치료자가 내담자의 진행 과정을 함께하기 위해서는 그것을 어느 정도 이해하는 것이 필요하다.

융이 말한 상징이라고 하는 것이 '우리가 언어로서 완전하게 표현하기 어려운 것'이라고 지적한다는 점은 매우 중요하다. 모래놀이 작품이 갖는 의미를 가능한 한 언어적으로 파악하려고 시도하는 것은 좋은 것이다. 그러나 그것으로 의미를 알았다고 단정하는 것은 자칫 위험한 상태를 초래한다. 치료자는 작품을 내담자의 모든 상태와 관련짓고 작품 전후의 흐름 속에서의 관계에 의해 파악해야 한다.

모래놀이치료의 공간 배치

모래상자의 공간은 자유로움이다. 내담자가 모래상자 안의 어느 곳에서나 자유롭게 전개한다는 것은 내담자가 자신의 집에 들어가서 누구의 방해도 받지 않고, 하고 싶은 대로 하는 것이다. 왜냐하면 모래상자는 내담자 자신만의 공간이기 때문이다.

모래놀이치료에서 내담자가 표현하는 '자기'라는 것은 의식적으로 상당히 명확하게 파악된 경우가 있고, 그의 이상상이나 미래상이 무의식적으로 생기는 경우도 있어 이런 것들은 상호 관련을 가지고 있기 때문에 매우 복잡하다. 모래상자의 공간을 어떻게 이용하느냐에 따라서 그 의미가 다르다고 말하고 있다. 왼쪽과 오른쪽을 무의식과 의식, 내계와 외계로 대응시키고 위와 아래를 신체와 정신, 미래와 과거, 아버지와 어머니로 대응시키고 있다.

동물, 인물, 자동차 등의 움직임이 모두 일정 방향으로 향했을 때는 퇴행과 진행의 의미를 찾아볼 수 있는데, 즉 왼쪽으로 향했을 때는 퇴행으로, 오른쪽으로 향했을 때는 진행의 의미로 해석할 수 있다.

〈사진 17〉의 모래상자를 보면, 동물들의 역동적인 움직임이 왼쪽으로 향해 있기 때문에 퇴행으로 해석할 수 있다. 그러나 이 사례의 경우에는 내담자가 왼손잡이라는 개인적인 특성을 가지고 있었다. 그러한 점을 고려해 볼 때 이것은 퇴행이 아닌 진행의 의미로 해석할 수도 있는 것이다. 이렇듯 치료자가 내담자의 여러 가지 상황을 파악하여 퇴행과 진행의 측면을 감지하여야 한다.

모래상자 밖에 완구를 놓는 의미에 대해서는 먼저 작품을 상자 안에 만들어 놓고 그 후에 상자 밖에 놓는 경우, 그 존재를 희미하게 느끼지만 자기 자신을 시인할 수 없는 심적 내용을 나타내는 경우가 많다고 한다.

한 작품 속에서 영역이 분할되고 폐쇄되는 경우 그 폐쇄된 영역의 어떤 것은 꼭 지켜야만 하는 매우 중요한 것으로 의미를 가지는 경우와 그 반대로 그 중요한 것을 아주 폐쇄함으로써 안전을 유지하려고 하는 의미를 가진다고 말하고 있다.

| 사진 17 | 퇴행과 진행

모래놀이치료의 상징 체험

내담자는 상징 체험을 한다. 치료자와 내담자의 관계를 '모자 일체성'의 표현으로 관계가 성립된다. 내담자가 자신의 내면을 드러낸다는 것은 안정된 기반이 없으면 불가능하다. 칼프는 이것을 모자 일체성이라고 표현하였는데 그와 같이 의미 있는 관계가 되어야만 치료 과정이 진전되는 것이다. 그러므로 모래놀이치료에 있어서는 치료자의 존재가 결정적인 역할을 한다.

내담자 자신이 자기치유 능력을 발휘하여 '전체성의 상징'을 표현하기 시작한다. 치료자와 내담자가 모자 일체성의 관계로 성립되면, 내담자는 무의식의 자기실현이 촉진된다는 것이다. 다시 말해서 내담자는 자신의 힘에 의해 스스로 치유되어 간다는 것이다. 다만 치료자는 내담자의 무의식 속에 존재하는 자기치유력에 대해서 외경하는 마음을 가지는 것이 대단히 중요하다. 이것이 바로 모래놀이치료를 시작하는 출발점이라고 하겠다. 모래놀이치료는 한 개인의 의식과 무의식의 정신 체험이다. 그러므로 객관적인 틀이 없다. 모래놀이는 내담자만의 유일무이한 개성 기술적 접근이다. 모래놀이치료는 개인의 치료를 목적으로 하고 있기 때문에 주관적인 면이 두드러지는 것이 특징이다. 따라서 소품도 '표준화'하지 않고 지시적이거나 만드는 방법이 없다. 치료자는 내담자 각자에게 그 선택을 맡긴다. 소품 자체가 고정된 것이 아니기 때문에 치료하는 곳이나 치료를 받는 특성에 따라 달라진다. 예를 들면, 치료자가 여성일 경우 꽃이나 여성스러운 소품이 많다든지 그 재료에 따라 치료자의 개성이 반영되는 것을 볼 수 있다. 그래서 내담자가 치료자와 함께 모래상자를 만든다는 것이 여러 가지의 의미가 있는 것이다.

모래놀이치료는 모래상자를 만들면서 하나의 표현이 이루어지지만 그 이전에 소품을 모으는 단계에서 하나하나가 준비하는 사람의 인격에 의해서 달라지므로 이미 표현의 지평이 생긴다고 보아야 한다. 치료할 때 개인을 하나의 세계로 보고 거기에 자기를 관련시키는 것에 의해 생기는 상징을 충실하게 관찰하는 태도를 취하고 있다. 다시 말해서 치료의 실제에서는 주관적 관점으로 보는 태도가 필요하다. 특히 상징적 표현이 행해질 때 치료 과정에 따른 전체의 흐름 속에서 표현의 의미를 생각한다. 이러한 흐름이 생길 때, 경박한 해석을 하거나 작품을 비평하거나 하는 것은 치료의 흐름을 망가뜨리는 것이기 때문에 해서는 안 된다.

치료자로서 중요한 것은 항상 내담자에게 자유롭고 보호된 장면을 제공하는 것이다. 모래놀이치료는 사물의 의미를 성급하게 찾고 해석을 서두르지 않으며 표준이나 통계를 사용하기보다는 내담자의 내면적인 것을 자유롭게 표현하여 모래놀이 자체가 가지고 있는 힘을 자유롭게 표출하여야 한다.

그러나 모래놀이치료가 개성 기술적이라 하여 비과학적이지는 않다. 모래놀이치료가 진행될 때 치료자는 기록을 한다. 다 마친 후 사진으로 기록을 남긴다. 회기마다 사진을 배열하여 매 회기마다 모니터링한 내용과 더불어 전체적인 장면을 가지고 해석을 해 나가므로 과학적이다. 또한 모래놀이치료는 시각적이고 촉각적이다. 객관적인 것이 아니라 이미지화해서 보는 것과 '닿는다.' 라는 촉감, 즉 오감의 통합으로서 공동 감각에 근접해지고 이미지의 동적인 상태가 된다. 모래놀이치료를 통하여 인간의 존재감을 경험하며 무의식의 심리적 내용을 알아내며 의식과 무의식의 상호작용 속에서 치료가 되고 있음이 입증되고 있으므로 모래놀이치료는 과학적인 것이 증명된다.

칼프는 수많은 아동의 모래상자를 분석했다. 노이만의 심리적 발달 과정에서 모래놀이 장면에 입각하여 분석하였다. 칼프는 대부분 아동의 모래상자를 혼돈 및 동식물, 투쟁, 자아와 자기 축의 구분, 집단적 적응 과정을 동식물 단계, 투쟁의 단계, 집단 적응의 단계로 모래놀이치료 과정에 적용하였다.

1단계: 혼돈 및 동식물 단계(The Animal · Vegetative Phase)

모래놀이 초기 과정 1~3회기 정도에 혼돈의 모래상자가 많이 나온다. 주로 동식물을 많이 사용한 혼돈의 세계다. 아동의 경우는 어떠한 테마를 가지고 한다기보다는 정신 없이 상자의 전부를 가득 채우듯이 흐름을 알 수 없는 혼란스러운 모래상자를 만든다. 이는 의식의 발달이 시작되는 움직임이라고 할 수 있다. 인간은 처음 태어나면 집단 무의식 상태다(〈사진 18〉 참조).

차츰 무의식에서 의식의 분화가 일어나면서 분열의 조짐이 보인다. 이 시기는 영유아기다. 이 시기의 아동들은 혼돈의 모래상자를 꾸민다. 차츰 무의식이 분열되면서 땅과 바다가 갈라진다든지, 영역이 구분된다든지, 알에서 생명체가 탄생한다든지, 아기가 탄생하는 것을 볼 수 있다.

| 사진 18 | 동식물 단계

2단계: 투쟁의 단계(The Fighting Phase)

혼돈과 동식물의 단계가 지나면 대극을 이룬다. 가운데 물을 만들고 양편을 가른다. 때로는 남북한의 전투 장면 등으로 대극적인 투쟁을 벌이는 장면도 흔히 볼 수 있다.

적군과 아군의 싸움이라든지, 색이 다른 공룡의 싸움이라든지, 상자의 왼편과 오른편, 사선을 그어서 투쟁을 벌인다든지, 만화의 등장인물이나 동물 중에서도 맹수가 약한 동물을 잡으려 하는 등의 투쟁의 단계로 접어든다(〈사진 19, 20, 21, 22〉 참조).

| 사진 19 | 투쟁의 단계 1

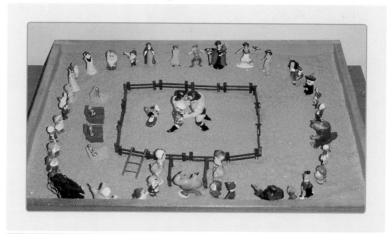

| 사진 20 | 투쟁의 단계 2

| 사진 21 | 투쟁의 단계 3

| 사진 22 | 투쟁의 단계 4

3단계: 집단 적응의 단계(The Phase of Adaptation to the Collective)

충분한 투쟁의 단계를 거치면 적응의 단계로 통합해 가는 모래상
자를 볼 수 있을 것이다. 내담자는 자신의 내면 세계에 몰입을 한 후
통합 과정에서는 집단 적응의 단계를 보여 준다. 내담자들은 공사
장면이 자주 등장한다. 새로운 세계를 준비한다. 적응의 단계에서
는 축구 경기에 심판이 있고 경기가 진행되고 자동차 경주에서도 목
표점이 있고 중간에 심판과 규칙을 적용한다. 현실의 장면이 나온
다(〈사진 23〉 참조).

1~3단계에서와 같이 모든 모래놀이치료 과정이 이러한 단계를
거친다고 볼 수는 없다. 때로는 이러한 치료 과정을 거치지 않고도
치료가 잘 진전되기도 한다. 가와이 하야오는 특별하게 한 번의 모
래놀이치료로 치료가 된 경우도 있다고 했다. 그러나 보통은 먼저

| 사진 23 | 적응의 단계

동물이나 식물에 의한 표현이 있고 다음에 어떤 것과의 대립이라든
지 투쟁의 표현이 나타나며 이와 같은 대립자의 통합을 거쳐 자아가
그 환경에 적응해 가는 단계가 생기게 된다고 보는 것이다.

모래놀이치료의 적용

  모래놀이치료는 누구에게나 적용된다. 인간은 내면의 세계, 의식
너머의 세계를 이루고 있고, 그 내면의 세계는 서로 통합하려고 최
대한의 힘을 발휘하기 때문이다. 그러나 모래상자에 관심을 가지고
내담자와 치료자와의 깊은 공감이 형성되어야만 가능하다.
  모래놀이치료는 아동의 사례가 많다. 이것은 모래놀이치료의 적
용이 초기에는 아동에게 집중되었다는 사실을 반영하고 있다. 그런

데 현재는 유아에서부터 노인에 이르기까지 넓은 범위의 영역에 적용되고 있다. 물론 이것은 모래놀이치료가 누구에게나 유효하다는 것은 아니다. 적용 대상의 범위는 광범위하다. 그러나 가장 중요한 것은 치료자의 기본적인 태도 및 내담자 자신이 모래상자 표현에 대한 의미를 느낀다는 것을 전제함을 잊어서는 안 된다. 강제적으로 모래상자를 만들게 하는 것은 무의미하다.

모래놀이치료는 유아나 아동의 경우 다른 접근을 하지 않아도 자연스럽게 전개된다. 아동기 후기나 청소년들은 모래놀이치료와 다른 치료 기법을 혼합하여 적용하여야 할 내담자들이 많을 것이다. 그림, 놀이, 게임 등의 다양한 방법을 적용하여 내담자와 치료자와의 관계를 적절하게 하고 친밀감을 형성하는 데 치료자는 혼신을 다하여야 한다. 한편은 따뜻한 마음으로 다른 한편은 신중한 태도로 임하여야 할 것이다.

내담자의 초기 면접 이후 유·아동과 청소년들은 모래놀이치료로 적용하는 것이 좋으나 18세 이상의 성인들은 정신병리적인 측면을 고려하여야 한다. 정신증의 경우 모래놀이치료를 하면 안 된다. 치료자들에게는 치료자 자신의 정신적 안정성이 가장 중요하다. 그런 후에는 여러 가지 인간에 대한 학문적인 접근도 신중하게 닦아나가야 한다.

인간에 대한 인류문화학적인 측면과 심리학뿐만 아니라 신화, 민담 등의 인간 정신의 무의식의 측면을 다루는 학문에 열중해야 한다. 또한 인간 발달, 정신병리 등 심리치료자의 한계를 넘는 내담자는 정신의학으로 넘겨야 한다. 심리적인 문제에 모래놀이치료를 적용하는 것도 심리적인 문제를 풀어가는 데 크게 이바지한다고 생각

한다. 일반적으로 신경증에 걸린 사람은 이미지의 표현이 빈곤하다
고 말하고 있다. 이것은 신체 증상이 이미지와 동등한 가치의 존재
로서 기능을 발휘하고 있다고 생각된다. 그 점을 볼 때 심리적인 문
제를 가지고 있는 대상자의 모래상자 표현에서 신체 증상이 반영되
기도 하는데 예를 들면, 위장질환을 앓고 있는 내담자의 모래상자에
서 연못 주변에 두꺼비와 도마뱀과 같은 기분 나쁜 동물을 놓은 표
현이 비교적 많이 나타나는 것도 흥미 있는 일이다.

　이 책에서 제시된 성 학대 피해 아동의 사례의 경우도 모래상자
진행 중에 배가 아프다고 하면서 방귀를 연이어서 낀 후 모래상자
위에 똥의 소품을 배치하였다. 개인의 깊은 내면을 드러내지 않고
도 이와 같은 신체 증상을 반영하는 것 같은 표현을 하면서 그 나름
대로 증상이 없어지는 사례도 있다.

　경련성 질병인 간질의 경우 의사가 약물 투여를 하는 것은 효과적
이며, 동시에 기질적 장애에 더 깊이 연관되어 있는 정서적 문제에
대해 모래놀이치료를 병행하면 더 많은 효과를 얻을 수 있다는 것을
증명했다. 기질적 장애가 명백해지는 것에 대해서는 많은 경우 정서
적 장애가 일어나기 쉽기 때문에 거기에 대해서 모래놀이치료를 의
학적 치료와 병행해서 실시하는 것이 바람직한 결과를 얻을 수 있다
고 생각한다. 그렇다 하더라도 이미 말한 바와 같이 치료자와 내담
자 사이에 깊은 관계가 성립될 때는 모래상자의 표현이 가능해진다.

　인간 존재를 마음과 몸으로 구분하는 이분화로 파악하는 것이 아
니고 그 중간에 혼이라고 하는 제3영역의 존재가 있다는 생각이 그
리스 이래 있었다. 이것을 고려할 때 심리적인 문제로 마음을 앓고
있는 사람들이 모래놀이치료에서 제3영역으로 분할하여 표현하는

것이 효과적이라는 것은 매우 흥미 있는 일이다. 이것은 심리적인 문제로 마음을 앓고 있는 대상자들에게 중요한 실마리를 제공한다고 볼 수 있다.

소위 정상적인 사람의 자기실현 과정을 촉진하는 수단으로써 모래놀이치료를 사용하는 일도 있다. 이와 같은 목적을 위해서는 여러 가지 형태의 집단 활동을 하고 있는데, 이때 비언어적인 표현 수단을 사용하고 후에는 집단 구성원과 대화도 하고 잠시 동안 혼자서 자기의 '세계'에 깊이 잠길 수 있는 모래놀이치료가 사용된다. 집단 구성원들은 제각기 자신의 작품을 교대로 만드는데, 그 후 그것에 대해서 집단 구성원과 이야기를 나눈다.

이와 같은 과정으로 심리치료자를 위한 훈련에 모래놀이치료를 이용하고 있다. 다만 정상적인 사람은 그다지 그의 깊은 내면을 표현하지 않고 쉽게 방어를 하기 때문에 깊은 인간관계를 기반으로 하지 않으며, 다만 흥미로 모래상자를 만든다면 그러한 모래상자는 무의미하다. 투영법의 테스트에서는 어느 정도 방어를 하여도 그 나름대로의 유의미한 정보를 얻을 수가 있지만 모래놀이치료에서는 대부분 무의미한 작품으로 흐르게 된다.

모래놀이치료는 인간을 온전히 사랑할 때 가능하다. 깊은 눈으로 바라보고 있는 그대로 받아들이고, 전폭적으로 믿어 줄 때 형용할 수 없는 아름다움으로 그가 다시 살아난다. 그가 그 자신이 될 수 있도록 오로지 바라고 사랑할 때 이루어진다. 앞으로 인간을 온전하고 깊게 사랑하고 싶은 사람들이 모래놀이를 계속 이어 갈 것이다.

모래놀이치료는 극히 넓은 범위에 적용되고 그 효과를 보고 있다. 다만 그다지 전문적인 훈련을 받지 않은 사람이라도 어느 정도의 치료를 할 수 있는 것은 사실이지만 앞으로 이 기법을 발전시켜 나가기 위해서는 치료자를 양성하는 문제가 크다고 할 수 있다. 제일 곤란한 것은 어느 정도 성공적인 사례를 배경으로 해서 자의적인 해석을 하는 사람이다. 이와 같은 것을 없애고 치료자의 역량을 높이기 위해서는 훈련과 연수의 기회를 증가시켜 전문가가 되도록 노력하지 않으면 안 될 것이다. 그러나 연수라 할지라도 지적인 것만이 아니고 소위 '심리학' 의 틀을 넘어서 광범위한 지식을 가지는 것도 필요하므로 그 방법에는 여러 가지 연구를 하여야 할 것이다. 그러므로 준비된 지도자가 있어야 한다.

우리들은 모래놀이치료의 치료자 훈련의 일환으로 문학, 예술, 철학, 종교학 등에 있어서 뛰어난 사람들의 강의를 들을 수 있는 기회를 갖는 것이 매우 중요할 것이다. 그래서 모래놀이치료연구소를 운영하고 있다. 현재 한국모래놀이치료학회와 한국모래놀이치료연구소가 그 기능을 다하려고 노력하고 있다. 융의 이론과 칼프 및 가와이 하야오의 모래놀이치료 이론을 기반으로 한 한국형 모래놀이치료를 끌어내어야 할 것이다. 이는 다른 문화와 환경의 영향을 받아 면면히 흐르는 독특한 인간성이 있기 때문이다.

더불어 모래놀이치료를 크게 발전시키기 위해서는 그것이 본래는 심리치료 기법의 하나라는 것을 공부하고 다른 영역의 인간 표현 활동에 관계되는 사람들과 넓은 접촉을 해 나가야 할 것이다. 특히 모래상자에서 같은 표현이 반복될 때, 깊은 인간관계가 저변에서 흐르고 있다는 것을 잊어서는 안 된다. 모래놀이치료를 통해서 창조성에 대한 연구를 하는 것도 흥미 있을 것이다. 무의식에서 표출되는 창조성에 대한 연구는 앞으로 무궁무진하다.

모래놀이치료에 있어서 하나의 큰 문제는 소위 개성 기술적인 방법과 법칙 정립적인 방법과의 관련성이다. 물론 모래놀이치료는 개인의 치료를 목적으로 하는 것이며 그런 의미에서 어디까지나 개성 기술적 접근법이 그 본질이라고 생각하고 있다. 따라서 모래상자에서 사용하는 소품도 굳이 '표준화'를 하지 않고 치료자 각 개인의 선택에 맡기고 있는 것이다. 로웬펠드와 뷜러(Charlotte Bühler)가 법칙 정립적 방법으로 발전시켜서 검사 도구로 모래놀이치료를 적용하였으나 실패했다. 이는 모래놀이치료가 치료적인 접근이라는 것을 더 명백하게 시사하는 바가 크다고 하겠다.

모래놀이치료는 치료할 때 개인을 어디까지나 하나의 세계로서 파악하고 거기에 자신을 연관시킴으로써 일어나는 이미지를 충실하게 보는 태도를 취하고 있다. 따라서 거기에는 법칙 정립적인 자세는 불필요하며 오히려 해롭다고 생각된다. 실제로 법칙 정립적 태도를 전면으로 내세우면 치료는 진행되지 않을 것이다.

그러나 모래놀이치료 그 자체를 법칙 정립적 입장에서 보는 것도 중요하다. 따라서 그와 같은 입장에서 모래상자 표현을 연구한다는 것은 가능하며 현재까지도 어느 정도의 연구가 발표되고 있다. 그리고 어떠한 기법이든 간에 법칙 정립적 방법에 의한 검증, 즉 양적 연구와 체계화된 연구만을 인정하는 분위기에서 어쩔 수 없이 끼어맞추기 연구가 계속되고 있다.

모래놀이치료의 연구는 질적연구다. 그러나 개성 기술적인 것, 질적 연구와 법칙 정립적이고 양적 연구를 병행하는 것도 유용하다고 볼 수 있다. 어떠한 연구이던 내담자의 치료를 도모하기 위한 연구이므로 앞으로 이러한 부분은 과제로 남기고 싶다.

제 2 부

모래놀이치료의
실제

제 6 장

환각제 흡입 청소년 사례

사례 개요

🌲 **이름:** 김준성(가명, 남 18세, 이하 내담자라 칭함)

🌲 **주요 문제:** 환각제 흡입

🌲 **가족력 및 문제력:** 부모는 양친이며 형제 서열은 2남 1녀 중 장남이다. 아버지의 노동으로 생계를 꾸리고 아버지는 노동 후 음주를 자주 하신다. 술을 마신 후에는 신세타령이 심하다. 내담자는 아버지의 직업을 스스럼없이 표현한다. "아빠 뭐 하셔?" "노동요." 엄마의 학력을 말할 때 "우리 엄마는 무학이에요. 글을 몰라요." 내담자가 자신의 아버지와 어머니에 대하여 상담자에게 솔직하게 표현하는 것이 처음 내담자를 대하면서

진실하다는 느낌을 주었다. 반면, 내담자는 학습에 대하여 고
등학교 1학년 초에 학교를 그만두었지만 초등학교 때부터 자
신은 공부를 잘하였다고 한다. "부천에서 부천 고등학교를 가
면 공부를 잘하는 거예요. 중학교 때도 공부는 잘했어요." 내
담자는 초등학교 6학년 때부터 흡연을 하였고 중학교 1학년
때부터 가족들 모르게 또래 집단과 환각제 흡입을 시작하게
되었다. 점차 환각제의 내성이 커지자 집에서 하기 시작했고,
환각제 흡입으로 소일하기도 하였다. 내담자는 정상적인 또래
와의 비교에서 열등감이 커지면서 환경이 비슷한 또래와 합류
하였고 환각제 흡입은 날로 심화되었다. 급기야 중학교 3학년
때부터는 환각제 흡입이 너무 심하여 고등학교 입학 후 학교
를 나가지 못하고 퇴학당하였다.

사 정(assessment)

내담자는 열등감, 욕구 불만, 잘못된 행동들을 드러냈다. 잘못된
행동은 또래 집단과 어울리면서 흡연, 환각제(본드 흡입) 중독으로
심리적 불안이 가중되었고 학교와 집에서 문제 청소년으로 낙인찍
혔다. 그리하여 환각제 흡입은 더욱 심화되었고 성격은 난폭하고
건강 염려증의 현상을 보였으며, 성인에 대한 불신을 자신의 방어기
제로 이용하였다. 예를 들면, 자신이 생각하기에 합당하지 않은 이
유로 교사에게 꾸중을 들었을 때, 그 교사에 대한 적개심을 품고 눈
도 마주치지 않으려 하며 그에 대한 분노의 마음을 풀지 않는다.

친자관계 검사를 통해 부모와의 관계를 살펴보면 부모가 청소년에 대해 거부적이고 강압적인 반면, 자녀에 대한 기대는 크다. 또한 부모는 자녀의 행동에 대해 간섭하고 불안해하며, 익애적이고 맹종형이다. 내담자는 지능검사에서 128의 지능 지수를 보이는 우수한 수준이었다. 인성검사(MMPI)는 건강 염려증과 성격 장애, 가정과 부모에 대한 반항적, 신뢰성 결여, 자기중심적이고 무책임함을 보인다. 그러므로 내담자는 인성 상의 여러 문제가 환각제 흡입으로 인해 발생되었다고 사료된다.

상담 목적

자아정체감 확립과 가치관 정립: 내담자가 지니고 있는 강점을 최대한 살린다. 즉, 내담자가 지능이 높고 학습이 가능하다는 점을 이용하여 진로를 대학 입학 준비로 설정하고 자존감을 상승시키면서 동시에 가치관 정립을 도모한다. 구체적인 대안은 대입 검정고시 합격에 이어 대학 진학에 도전하면서 자신도 할 수 있다는 자신감을 갖고 새로운 인생관을 설계하도록 도모하는 것이다.

상담 목표

① 환각제 흡입 단절: 상담소에서 일시적으로 격리·보호하여 환각제를 단절시킨 후 개별상담, 집단상담과 학습, 등산, 시청각

교육, 수영, 야외 수업, 캠프, 영화 관람, 운동 등으로 심신을 단련한다.

② 성격 장애: 모래놀이치료로 접근하여 내담자의 내면의 통합을 도모한다.

상담 실제

본 내담자는 약 4년간 상담 개입을 하였다. 상담의 과정을 2단계로 나누어 살펴보면, 1단계는 환각제 흡입을 단절하는 시기로 또래 관계를 중시하는 집단 역동을 활용한 집단상담과 교육으로 접근하였다. 2단계는 가치관 재정립과 성격 장애 교정의 시기로 개별상담과 사회교육으로 접근하였고, 성격 장애를 교정하기 위해서는 모래놀이치료로 접근하였다.

1단계(1989. 4. 15~1989. 12. 22)-환각제 흡입 단절 시기

환각제 흡입 단절을 목적으로 상담소에 입소하여 개별상담과 집단상담을 실시하였다. 특히 이 시기에는 집단상담을 중점적으로 실시하였는데, 환각제 흡입을 하는 또래 집단을 형성하여 학습, 등산, 캠프, 영화, 운동 등으로 개입하였다. 학습은 대입 검정고시 준비를 하여 세 과목이 합격하였다. 내담자는 입소 초기에 운동을 전혀 하지 않으려 하였는데, 심지어 축구를 할 때 자신에게 오는 공을 손으로 쳐서 또래에게 핀잔을 들었고, 자신은 운동을 못하는 것으로 생각하여 운동장을 빙빙 돌았다. 상담이 진행되면서 내담자는 점차 농구에 취미를 갖게 되었고, 차후에는 금단 현상이 일어나면 비가 와도 혼자 정신없이 농구를 하면서 이겨 내기도 하였다. 내담자가 환각제 흡입을 단절해 가는 과정의 초기에는 과다한 행동을 많이 보였고 이러한 행동은 중기까지 계속되었는데 자신보다 어린 구성원들이나 힘이 약한 상담소의 아동들을 지나다니면서 툭툭 치고, 때리고, 구타를 하는 등 자신의 감정을 조절하지 못하였다. 그러나 내담자는 점차 집단에 소속감을 갖게 되었고 집단의 리더 역할을 하였다.

2단계(1990. 2. 19~1992. 1. 28)-가치관 재정립, 성격 장애 교정

내담자에게 있어서 이 시기는 고통의 시기다. 자신이 환각에서 깨어나면 계획대로 추진할 수 있으리라는 힘이 사그라지는 시기다. 그것은 아직 환각제 흡입만 단절했을 뿐이지 환각제 흡입으로 인한 성격 장애는 내담자에게 더 큰 타격이고 관계를 해 나가는 모든 면에서 걸림돌이 되기 시작했다. 이 시기에 내담자는 밤 시간 동안 상담소에 일시 보호 중인 동생들을 돌보았고, 낮 동안은 검정고시 준비를 해 나갔다. 이때 자신의 참을성 없는 성격과 짧은 생각 그리고 충동적인 행동으로 동생들을 구타하고, 자신의 성격에 좌절감을 느끼는 등 감정 조절이 안 되는 격동기를 겪었다. 계속되는 주위의 경고와 질타를 감수해야 했으며 무엇보다도 자신의 비참함의 악순환이었다.

한편 이러한 악순환 중에 내담자는 상담소에 입소하기 전 또래 집단과 어울려 슈퍼마켓을 절도한 적이 있는데 또래들은 분류심사원에 입소되었고 내담자는 현장에서 도망을 해서 기소 중지에 걸려 있었다. 경찰이 계속 집 주위를 맴돌고, 내담자가 본 상담소에 숨어 있게 된 사실을 나중에 안 치료자는 내담자의 불안이 가중되고 있을 때 공감하지 않을 수 없었다. 치료자는 내담자를 설득하여 검정고시 합격 후 자수하기로 하고 검정고시 준비를 하였다. 마침내 검정고시에서 전체 과목을 합격했다. 그리고 그 후 자수했고, 검사는 내담자가 열심히 새 생활을 하고 있음을 감안하여 불구속 처리를 했다.

이렇게 자신의 성격 장애와 문제 해결이 되지 않은 법적인 두려움은 내담자를 지속적으로 불안에 떨게 했고 내담자가 일어서는 것을 잡아끌어 앉히는 꼴이 되었다. 모든 것이 해결된 후 내담자는 본격적으로 대학 입학에 도전하게 되었다. 서서히 성격이 안정되어 갔으나 아직 대입이라는 큰 관문이 내담자를 불안하게 하는 커다란 문제였고, 이러한 문제 해결의 접근에서 구체적인 상담 목적은 진로 확정에 따른 대입 도전이 되었다. 집단상담이 종결되면서 내담자는 또래 상담자로서 새로 들어오는 환각제 흡입 청소년들의 초기 개입을 성공적으로 도와주었고 상담소에는 또래 상담자의 역할을 하는 자원봉사자로 공헌을 하였다. 이러한 행동은 변화하는 자신에 대하여 스스로 자부심을 가질 수 있는 동기가 되기도 하였다.

이 시기에 내담자에게 상담기제로 사용한 것이 바로 모래놀이치료다. 감정 상태는 학습이 뜻대로 되지 않고 쉽게 무너지는 자신과의 싸움에서 초기에는 한 달에 5~8일을 몸살과 감정 싸움으로 고통스러워했다. 모래놀이치료는 1992년 8월부터 실시하였다. 모래놀이치료는 내담자의 감정의 흐름을 자신이 치료자와 함께 공감하고 모래놀이치료를 하면서 자신의 내면과의 통합을 도모할 수 있을 것이라고 기대한다.

〈사진 24〉는 내담자가 모래놀이치료를 하기 전 약 1년 동안 환각제 흡입 청소년들과 함께 집단상담을 할 때 선택했던 사진이다. 집단상담 과정 중 '사진 말 나누기'에서 '미래의 자신의 모습'을 상징한 사진을 선택하는 것이었는데, 내담자는 이 사진을 고르고 난 후 "난 미래에 이 지게를 진 사람처럼 빈 지게에 다른 사람들의 짐을 메고 가고 싶다. 나 자신보다는 다른 사람을 위해서 살겠다."라고 표현했다. 이후 지게 진 소년은 모래상자 속에서도 종종 등장했다.

| 사진 24 | 지게 진 소년

모래상자놀이 제1차−〈사진 25〉

◉ **주제: 썰매 타는 소년**

◉ **모래놀이 과정**

내담자는 가장 먼저 모래를 상자 위쪽으로 끌어올려 언덕을 만들었다. 언덕 맨 위에 썰매 타는 소년을 배치하였다.

〈사진 25〉에서 볼 때 한 소년이 골인 지점인 목표가 보이는 지점을 향해 썰매 타기를 시작하려는 모습이다. 소년의 뒤에 있는 큰 나무 뒤에는 사슴과 함께 풍악을 올리는 응원 부대가 있다. 옆에는 소년을 바라보는 지게 진 소년, 물동이를 인 여인, 하마, 호랑이, 코뿔소, 조류 등이 있고 나무와 함께 모두가 소년을 향해 있다. 썰매 타기를 시작하라고, 빨리 힘껏 힘을 내라고 모두가 성원해 주고 있다.

전체적으로 쓸쓸한 느낌이다. 치료자는 내담자의 모래놀이 진행 과정이 끝난 후 몇 가지 질문을 했다.

| 사진 25 | 썰매 타는 소년

⊙ 치료자 개입

치료자: 여기서 주인공은 썰매 타는 소년이구나?

내담자: 그렇지요.

치료자: 그럼, 그 주인공이 준성이야?

내담자: 아니요, 나는요, 그 소년을 쳐다보고 있는 지게 진 소년이에요.

⊙ 치료자 느낌

내담자는 주인공을 두 명 두었다. 썰매 타는 소년과 지게 진 소년일 것 같고, 어쩌면 그러한 자신과 동일시하는 것조차 부담이 되어 회피하고 싶어 하는 것 같았다.

⊙ 슈퍼비전

가와이 하야오(河合準雄, 전 일본 경도대학 교수, 전 일본 문화청 장관)

■ 썰매 타는 소년과 소년 뒤의 풍물패　　많은 사람들이 힘내라고 응원을 하지만 자신은 좀처럼 움직일 수가 없습니다. 왜냐하면 썰매 타는 소년 뒤에서 풍악을 울리고 음악을 연주하는 풍물패가 잡아당기고 있기 때문입니다. 그것은 자신이 환각제를 흡입했을 때 여러 가지 환상의 세계를 기억할 수 있고, 그 기억에서의 판타지 세계가 끌어당긴다고 볼 수 있습니다. 내담자는 주위로부터 많은 격려를 받지만 가엾게도 좀처럼 출발하지 못하고 뒤의 판타지 세계로 다시 돌아갈까 하는 모습이 잘 나타나고 있습니다.

■ 물 항아리를 머리에 이고 있는 여인　　여기 물 항아리를 이고 있는 여인에서 물의 의미는 좀처럼 움직이지 못하는 그런 소년 자신에게 생명의 물이라는 뜻입니다. 그러므로 물 항아리를 이고

있는 여인은 소년 자신에게 생명의 물을 공급해 주는 에너지에 바탕을 둡니다. 그것은 치료자 상이 여기에 나타난 것인데 그 의상이 수녀복을 입은 것이 아니고 민속 의상을 입고 있는 것입니다. 내담자가 굉장히 깊은 내용을 표현하고자 할 때는 옛것을 사용합니다.

모래상자놀이 제2차-〈사진 26〉

⊙ 주제: 바다

⊙ 모래놀이 과정

모래를 끌어올려 바다를 만들었다. 바닷가 풍경이다. 큰 나무를 몇 그루 심고, 작은 나무들로 숲을 꾸몄다.

⊙ 치료자 느낌

〈사진 26〉을 보면 바닷가를 표현했다. 전체적인 느낌은 아직도

| 사진 26 | 바다

쓸쓸하다. 자신의 대입 준비에 대한 힘겨움과 고독, 마치 바다가 자신인 것처럼 홀로 싸워 나가는 바다와의 대면인 듯하다. 바다 주변에 방파제가 보인다. 개가 집을 지키고 있다. 큰 나무 밑에 집이 모래상자놀이의 중심으로 보이고, 또는 바다가 중심이 될 수도 있을 것 같다. 이 시기에 내담자는 철저히 고독했고 자신의 무능력감으로 휩싸여 있다. 학습은 원하는 대로 점수가 나오지 않고 꼭 실패할 것 같아서 겁이 난다.

⊙ 슈퍼비전

가와이 하야오

■호수   여기 호수랄까. 제1차에서 생명의 힘인 물 항아리가 좀 더 확장된 장면입니다. 생명의 물이 확장되었고 식물이라든지 생명의 물 그리고 동물 등 여러 가지를 놓았지만 아직 내담자의 힘이 약하기 때문에 치료자가 굉장히 쓸쓸한 것 같은 느낌을 받은 게 아닐까 하는 생각이 듭니다.

■사슴, 노루   하지만 숨겨진 부분, 잘 안 보이는 부분에 놓인 사슴, 노루와 같은 것이 잠재적인 힘을 강조합니다.

모래상자놀이 제3차-〈사진 27〉

⊙ 주제: 백설 공주와 일곱 난쟁이

⊙ 모래놀이 과정

바닷가에 숲이 많아지고 숲 속에 사슴, 병아리, 말 등을 배치한 후 집을 배치한다. 백설 공주와 일곱 난쟁이를 중앙에 배치하고 바다 건너편에 인어 공주를 배치한다.

⊙ 치료자의 느낌

　모래상자놀이 제2차와 비교해 볼 때 변화가 있다면 좀 더 큰 집을 사용한 점과 인물들의 등장이다. 중심 인물인 백설 공주와 일곱 난쟁이들의 조화로운 모습과 가장자리에 말, 병아리, 사슴 그리고 큰 나무와 작은 열매가 달린 나무들이 서 있는 모습이 풍요로워졌다. 한편 바다가 사라지고 잔잔한 호수가 되었다. 바다 건너편에 인어 공주와 함께 백조가 앉아 있다. 육지의 백설 공주와 호수 건너편의 인어 공주는 서로 의식하고 있다.

⊙ 슈퍼비전

가와이 하야오

　■ 인어　　인어 공주의 등장은 굉장히 인상 깊습니다. 더욱 감격스러운 것은 이 인어 공주가 제1차에서 물 항아리를 머리에 인 여인인 치료자의 계속으로, 치료자 상으로 볼 수 있습니다. 그

| 사진 27 | 백설 공주와 일곱 난쟁이

렇지만 한 가지 특징적인 것은 이 인어가 자기의 판타지 세계에 있다는 것입니다. 제1차의 썰매 타는 소년 뒤의 부정적인 판타지라는 것을 내담자는 알 수 있습니다. 인어와 육지 위에 있는 것들이 현실과 무의식, 이것이 어떻게 관계를 가질 것인지, 여기서 관계가 맺어질 수 있다면 치료가 되는 것을 알 수 있습니다. 그러나 여기서 한 가지 문제가 되는 것은 인어의 상대로 나타나는 것이 남성이 아니고 백설 공주, 즉 여성으로 나타난 것입니다. 만약 알기 쉬운 내용이라면, 여기에서 인어가 나오고 육지에는 소년이 나와서 소년이 이 인어와 어떤 관계를 맺어 갈 것인지 상당히 알기 쉽습니다. 그렇지만 이 내담자의 경우에 굉장히 이해하기 쉬운 것은 백설 공주 테마입니다. 백설 공주 이야기는 어머니에게 쫓겨나 다른 사람의 도움을 받으면서 겨우 살아가는 드라마입니다. 이 소년도 집을 떠나와서 여러 사람의 도움을 받으며 근근이 살아남은 그런 모습을 빌림으로써 자기의 메시지를 기억하기 쉬웠을 것입니다. 그러므로 이 소년의 경우에는 백설 공주 쪽이 오히려 자기상으로 변하기 쉬웠을지도 모릅니다.

모래상자놀이 제4차-〈사진 28〉

⊙ 주제: 인어 공주

⊙ 모래놀이 과정

3차의 모래상자를 다시 꾸몄다. 숲을 좀 더 많게 보강한 후 바다를 줄였다. 섬을 만든 후 섬 위에 인어 공주를 배치하고, 난쟁이들이

| 사진 28 | 인어 공주

인어 공주를 마중 나간다. 인어 공주와 육지는 다리로 연결하였다.

◉ 치료자 느낌

제3차 회기에서 등장했던 난쟁이들이 호수 건너편의 인어 공주를 맞이하러 간다. 다리도 놓았다. 난쟁이들이 줄을 지어 인어 공주 쪽으로 행진한다. 내면에 중심이 서 있음을 볼 수 있다. 인어 공주! 허한 자신에 불안과 고독이 엄습하던 텅 빈 내면에 무엇인가 자신감이 생겼다. 인어 공주다. 백설 공주와의 만남, 자연과 난쟁이들 그리고 주변의 모든 자연의 응원은 계속되고 있다. 이번 회기에서 내담자는 대입이 얼마 남지 않았으나 전체적으로 자신을 통합하고 정리해 간다. 모래상자놀이 전체가 통합적이다. 종결 상태가 얼마 남지 않았음을 알 수 있다. 한편 난쟁이들의 움직임을 느낄 수 있는데 에너지의 흐름이 오른쪽으로 진행해 가는 것을 감지할 수 있다.

◉ 슈퍼비전

가와이 하야오

■ 인어 공주를 마중 나가는 난쟁이   여기선 굉장히 훌륭한 관계가 되어 있어 대단히 감격스럽습니다. 인어 공주를 마중 나가는 것이 백설 공주가 아니고 난쟁이들이라 오히려 인상 깊게 느껴집니다. 백설 공주의 이야기에서 일곱 난쟁이들의 역할이 어떤 것이었습니까? 침대를 어떻게 배치한다든지, 요리를 어떻게 한다든지 등 일상생활에 필수적인 것들을 어떻게 해 나가야 할지 지도해 주는 역할을 하는 것이 일곱 난쟁이들입니다. 아마 이때부터 내담자는 자기의 환각, 환상의 세계에서 벗어나 점점 더 현실에서 어떻게 행동해야 되는지를 알게 된 단계라고 할 수 있습니다.

모래상자놀이 제5차-〈사진 29〉

◉ 주제: 지게 진 소년

◉ 모래놀이 과정

모래를 가운데로 끌어올려서 동산을 높게 만든다. 마치 제1차 상담에서 모래를 끌어올려 소년이 높은 데서 아래로 썰매를 타려고 하던 것과 같은 맥락이다. 큰 나무로 양쪽 마을을 만들었다. 1차 때와 거의 같은 분위기다. 맨 꼭대기에 열매 달린 큰 나무를 배치하였다. 정상은 아니지만 정상이 보이는 지점에 지게 진 소년이 지게에 아이를 태우고 올라간다. 지게 진 소년 뒤로 많은 소년들이 열매를 향해 올라가고 있다.

| 사진 29 | 지게 진 소년

◉ 치료자 느낌

〈사진 29〉는 모래상자놀이의 종결이다. 본 상담에서 내담자는 지게 진 소년을 처음 놓았다. 내담자는 제1단계 집단상담의 '사진 말나누기' 시간에 '미래의 자신의 모습'을 상징한 사진 고르기에서 빈 지게를 진 소년을 골랐었다(〈사진 24〉 참조). 내담자가 그 의미를 표현할 때 자신의 빈 지게에 누구든 어떤 물건이라도 태우고 실을 수 있었으면 하는 느낌의 표현이 있었다. 아무튼 내담자는 이번 모래상자에서 빈 지게에 아기를 태웠다. 그리고 목표 지점인 열매 달린 나무를 향해 산을 올라가고 있다.

◉ 치료자 개입

내담자: 소년은 열매 달린 나무를 알고 있어요. 그 뒤를 따르는 소
        년들은 지게 진 소년의 후배들인데 형이 앞장서 가니까
        양쪽 동네에서 편 갈라 싸우던 소년들이 싸움을 그치고

형을 뒤따라가고 있어요.

치료자: 그럼, 저 소년이 준성이야?

내담자: 그렇게 생각하고 소년을 그 자리에 놓았어요.

치료자: 준성이 목표는 무엇인데?

내담자: 이제 대학에도 들어갔으니까 제가 전공하고 싶은 학과로 편입해서 앞으로 사람을 위해서 살 수 있는 준비를 하는 것이 지금 저의 목표예요. 그리고 뒤를 따르는 동생들의 목표는 각자 모두 다르겠죠. 해석하기 나름이지만 동생들이 지금 준비하는 검정고시 합격도 될 수 있고, 나쁜 버릇 고치고 집에 돌아가 생활을 잘 해 나가는 것일 수도 있겠구요.

제5차를 하고 있는 내담자의 진지한 모습은 자신의 세계에 몰입하는 모습을 보여 주었다. 사진에서도 보듯이 치료자는 내담자가 섬세하게 주요 테마를 이끌면서 작은 나무를 이용하여 에너지가 전체적으로 충만하게 흐르고 있음을 직감적으로 감지할 수 있었다. 또 하나 이 회기에서 주목할 만한 것은 제1차에서의 모래상자놀이다. 그 장면에서 썰매 타기를 시작하는 소년을 유심히 바라보고 있는 지게 진 소년을 자신과 동일시했던 맥락을 살펴볼 수 있다.

◉ 슈퍼비전

가와이 하야오

▪ 내담자는 그동안 판타지 세계 속에서 작업을 해 왔기 때문에 이제 마지막으로 현실 세계에 돌아왔습니다. 지게 진 소년은 첫 번째 나온 그 소년상의 계속이라고 생각할 수 있습니다. 목표를

향해 물러나고 목표 위로 꽃을 피우는 것입니다. 대단히 알기 쉬운 전개입니다. 여기에서 좋은 인상을 받는 것은 마을 사람들이 전부 모여 이 소년의 뒤를 따라 올라가는 것이 아니라는 것입니다. 올라가는 사람 모두가 자신의 길을 간다는 것이 좋은 인상으로 남습니다. 실제로 그러한 예도 있지만 모든 사람이 이 소년의 뒤를 따라간다면 자기가 무슨 수를 써서라도 대학에 가서 굉장히 열심히 하여 좋은 사람이 된다는 것, 그렇게 노력해서 된다는 것은 모래상자에서 모든 사람이 소년의 뒤를 따라가는 식으로 만들어 가는 경우에는 나중에 원점으로 전복될 가능성이 많을 수 있습니다.

여기서는 인어도 없고, 물 항아리를 인 여인도 없고, 현실의 세계로 돌아가는 것입니다. 치료에 있어 치료자가 아무런 작용을 안 했다고 보일지 모르지만 모래상자 안에서 활약하고 있는 것을 알 수 있습니다. 모래상자를 만드는 그 순간에 같이 있어 주었다는 것, 그것은 가장 큰 힘입니다. 앞에서도 말했듯이 환각이 굉장히 부정적인 것처럼 보이지만 그렇게 부정적인 것에서 생명의 물이 나타납니다. 환각 속에서 자기의 생명이 드러나는 것을 볼 수 있습니다. 앞의 〈사진 28〉에서 인어 공주를 마중 나가는 것이 난쟁이가 아니라 백설 공주였다면, 앞장서는 것이 소년이 아니고 백설 공주였다면, 아직 이 치료는 갈 길이 멀다고 봅니다. 제1차의 소년과 여기 나온 제5차 회기의 소년과의 사이는 굉장히 깊은 판타지 세계에 갔다가 다시 현실 세계로 나오는 것이 대단히 잘 엿보입니다.

고 찰

평 가

　본 모래상자놀이는 환각제 흡입 청소년의 상담 접근 중의 하나로 이용된 기법이다. 이 사례는 장기간 상담을 진행한 사례로 제1단계(1년), 제2단계(3년)로 약 4년에 걸쳐 진행한 사례다. 제1단계는 교육과 집단상담을 중심으로 또래 집단 8명의 환각제 흡입 청소년들과 함께 진행하였다. 이번 사례의 중점인 제2단계는 진로 확정에 따른 대입 도전이라는 목표 아래 학습과 함께 개별상담으로써 모래상자놀이를 이용한 것이다.

　제2단계에서 모래상자놀이의 목적은 내담자의 대입에 대한 불안과 자신감 없는 초조함이 악순환되는 감정 상태를 정리하면서 전체적으로 통합해 갈 수 있는, 스스로 통찰해 가도록 치료자의 허용적이고 비지시적인 태도로 접근하는 데 그 의의가 있다.

　사례가 제5차에서 종결한 것은 내담자가 자신감을 가지고 더 큰 목표에 대한 도전과 자신과 유사하게 고통스러워하는 다른 환각제 흡입 청소년들에게 힘을 주고 싶어 하는 갈망이 깃든 내담자의 내면의 흐름을 보았기 때문이다. 또한 결과적으로 내담자가 대학에 합격하고 더욱이 장학생으로 입학했다는 자신감에 커다란 용기를 얻게 되었다.

　무엇보다도 자신의 비행과 성격 장애를 오랜 시간 지켜보며 변화를 기다려 준 상담소 분들의 지지와 격려에 감사함을 느꼈다. 또한 후배들의 선망의 대상이 되자 후배들에 대한 책임감을 안고 밤마다 검정고시 준비를 도와주면서 다시 새 삶을 전개하는, 새로운 차원의 원동력을 얻은 것이다. 내담자는 환각제 흡입 청소년들의 또래 치료자, 또래 교사로서 그들만이 공감할 수 있는 긴밀한 공감대를 형성하였다. 현재 내담자는 성인이 되어 자신이 목표로 삼았던 자기 자신의 빈 지게에 다른 사람의 짐을 기꺼이 지고 가는 사목자가 되었다.

결론

청소년들을 만난다는 것은 쉽고도 어려운 것이다. 우선 그들이 마음의 문을 열기 전에 먼저 다가가고 문을 두드리며 깊숙이 들여다보지 않는 한 청소년들의 신의는 싹트지 않는다. 특히 유아기, 아동기 때부터 부모로부터 신의를 잃고 굴절된 생활 속에서 비행에 젖어들기 시작하여 사춘기, 청소년기를 보내는 한, 청소년은 인생 여정의 초반부터 힘겹게 불신감으로 소일한다. 이렇게 자아정체감의 혼란 속에서 방황하고 있는 청소년들의 에너지의 흐름을 공감하고 깊숙이 바라보아 줄 때만이 우리가 진정으로 청소년들을 만나고 있다고 할 수 있겠다.

그동안 사회가 말하는 비행청소년, 문제청소년들과 함께 살면서 그들의 특징인 또래 집단의 역동성을 활용하여 그 집단의 또 한 명의 또래로 그들 안에 들어가려 노력하면서 집단상담을 진행하였다. 동시에 집단 구성원 각 개인에 대한 심리 내적인 접근을 위하여 활용된 기법이 모래상자놀이다. 이 기법은 그동안 아쉬웠던 개별적인 접근의 실마리를 보다 명료하게 해 주었는데, 거듭 표현하지만 그것은 한 청소년의 내면에 보화 같은 에너지 흐름을 감지하고 공감할 수 있다는 점이다.

본 사례의 모래놀이치료로의 접근은 환각제 청소년의 환각제 흡입의 단절을 돕는 기제일 뿐 아니라 환각제 흡입으로 고통받는 성격 장애를 치료해 나가는 데 좋은 효과를 볼 수 있는 기제다. 물론 전적으로 이 기법에만 의존한다는 것은 아니다. 단지 환각제 흡입 청소년들의 내면을 보다 심도 깊게 공유할 수 있었던 좋은 상담기제가 되었기에 앞으로 환각제 흡입 청소년뿐만 아니라 아동, 성인에 이르기까지 그 내면의 보화를 공감해 갈 수 있는 좋은 접근 방법의 하나로 계속 발전하고 보급되기를 희망한다.

제 7 장

폭력 청소년 사례

사례 개요

🌲 **이름:** 장철영(가명, 남 17세, 이하 내담자라 칭함)

🌲 **주요 문제:** 환각제 흡입, 폭력

🌲 **가족력 및 문제력:** 내담자의 부모는 양친이고, 형제 서열은 2남 중 장남이다. 내담자는 아버지의 사업 실패로 인한 생활 곤란으로 생후 4개월부터 1년 4개월 동안 친조모에게 양육 받았고, 그 이후 어머니에게 양육되었으나 4세 때 내담자의 어머니가 미용실을 하면서 다시 친조모에게 위탁되었다. 내담자는 이때 어머니와의 분리를 통해 불안과 부정적인 경험을 했으리라 사료된다. 한편 내담자의 부모와 동생과의 관계는 원만한

편이었으며, 특히 내담자의 동생과 아버지와의 관계는 상당히 긍정적이었다. 내담자 아버지의 표현을 빌리자면 내담자 동생은 귀엽고 아버지를 스스럼없이 잘 따르는 데 반해 내담자는 아버지를 보면 항상 피하려 했다고 피력하고 있다.

내담자가 11세 때 내담자의 아버지는 교통사고로 약 4년간 실직 상태였는데, 이때 내담자와 내담자 아버지의 관계가 더욱 악화되었다고 한다. 내담자 아버지는 음주 후 내담자에게 폭언과 폭행을 일삼았고, 내담자는 사춘기로 접어들면서 많은 변화를 경험하게 되었다. 신장 180cm 정도의 신체적 변화와 함께 나타난 심리적 변화를 통해 비행 문화의 또래 집단과 어울리게 되어 15세 후반부터 가출이 시작되었다. 가출이 극도로 심해진 16세에는 환각제 흡입이 시작되었고, 고등학교 입학 후 환각제 흡입과 폭력 등 비행으로 인해 결국 고등학교 1학년 때 퇴학당하게 되었다.

사 정

사회적 사정

개인 및 가족의 분위기

영아기(생후 4개월) 때 어머니와의 분리로 인해 심한 불안을 느꼈을 것이며, 내담자는 동생에 대한 열등감과 그로 인한 자존감 상실을 경험하였다. 아버지가 자신보다는 동생을 더 사랑한다는 느낌은 동생에 대한 열등감을 더욱 가중시켰으며 따라서 내담자는 아버지에 대한 불신감이 커졌다. 또한 사춘기(14세)에 접어들면서 신체적 변화와 심리적인 변화의 불균형으로 인해 혼돈과 방황이 심화되었다고 사료된다.

학교와 교우 관계

학습 부진으로 인하여 학교에서의 흥미를 잃고 비슷한 또래 집단과 어울리면서 비행 행동이 고조되었다. 특히 중학교 3학년과 고등학교 입학 후 심화된 비행으로 결국 고등학교 1학년 때 퇴학을 당하였다. 퇴학당한 친구들과 함께 어울리는 과정을 통해 돈 뜯기, 환각제 흡입, 폭력, 가출 등에 비행 문화에 빠져들었다.

심리적 사정

인성 진단 검사(1992. 5. 22 실시)

인성 진단 검사를 실시하였으나 타당성 백분위가 16에 해당되었다. 이것으로 보아 내담자는 불성실하게 응답하였고, 허위로 검사에 임하였다고 사료되므로 검사 결과를 신뢰할 수 없다.

문장 완성 검사(SCT 1992. 5. 22 실시)

■긍정적인 면　내담자가 가장 좋아하는 성인은 어머니이며, 그러한 이유 때문에 엄마와 함께 여행을 가고 싶어 한다. 내담자의 장래 희망은 사업가이며 잘하는 것은 당구, 좋아하는 것은 술과 담배, 자신이 가장 원하는 것은 가정의 평화다.

■부정적인 면　내담자가 무서움을 느낄 때는 아버지가 술을 마시고 들어오는 때이고, 아버지는 내담자에게 야단을 많이 치며, 아무 것이나 마구 집어던지고, 심하게 매를 댄다. 아버지를 기

쁘게 해 드려도 아버지는 항상 무표정이다.

상담 목표

환각제 흡입 단절과 폭력 행위를 감소시킨다. 또한 환각제 흡입과
비행 행동 등으로 인한 성격 장애 교정을 통하여 내담자 개인과 그
가족의 문제인 내담자와 내담자 아버지의 불신감 해소, 내담자와 내
담자 동생과의 감정 이완을 도모한다.

치 료

부모 상담 및 내담자 동생의 상담을 동반한 가족 개입 접근으로
인해 가족 기능의 회복 및 안정을 도모한다. 한편 내담자 개인의 심
리적인 면을 접근하는 데 있어 자신감을 고취시키고 가치관 정립과
자아정체감을 확립하는 데 모래놀이치료를 활용하도록 한다.

상담 실제

1단계(1992. 5. 20~1993. 1. 30)

상담 목표
환각제 흡입 단절, 폭력 행동 소거

상담 과정 요약
　내담자는 상담소에 입소하여 또래 집단 6명과 함께 사회교육 프로그램 참여 및 상담을 통한 환각제 흡입 단절 프로그램을 경험하였다. 집단 토의와 시청각 교재를 통해 약물 남용으로 인한 신체적·정신적 피해에 대한 경각심을 일깨우고, 등산·수영·운동 등으로 환각제 흡입 단절을 위한 교육과정을 받았다. 내담자 스스로 환각제 흡입을 단절하기 위하여 또래 집단과 공동 생활을 통해 노력하는 모습을 보였으나, 1992년 6월 8일 또래들과 함께 상담소를 이탈하여 외부에서 환각제 흡입을 하다가 소방대원에게 발각되어 구타를 당하기도 하였다. 이 사건을 계기로 환각제 흡입 단절은 집단 전체의 목표로 전환되어 갔다. 이러한 집단 전체의 관심과 역동은 내담자가 환각제를 단절해 나가는 데 좋은 계기가 되었을 뿐 아니라 또래 집단 구성원 모두가 환각제 흡입을 단절하고 귀가하게 되었다. 그러나 내담자는 환각제 흡입 문제는 호전되었으나 여전히 아버지에 대한 적개심과 성격 장애의 증상이 남아 있었고, 신체적으로 환각제 금단 현상 중의 하나인 몸에 진물이 나기 시작했기 때문에 상담소에 남아 있어야만 했다. 이 무렵 상담소에 환각제 흡입의 문제를 가진 내담자 또래의 새로운 청소년이 입소하였다.

평 가

상담소에 입소하여 집단상담 및 집단 사회교육 프로그램 참여로 환각제 흡입은 단절했으나 내담자의 심리 내적인 문제가 남아 있다. 한편 환각제 금단 현상으로 나타난 신체적인 증상은 오히려 자신의 환각제 흡입에 대한 결과를 자각할 수 있도록 해 줌으로써 비록 고통스럽지만 환각제 흡입 단절에 긍정적으로 작용했다고 볼 수 있다.

2단계(1993. 3. 26~1993. 8. 30)

상담 목표: 자아정체감 확립

내담자는 제1단계 상담을 마친 후 귀가하였다가 검정고시 준비 학원에 다니기로 결정하고 퇴소하였다. 그러나 내담자는 싸움을 하여 폭력 건으로 입건되었고 감별소에서 약 40일간 있다가 다시 상담소에 입소하게 되었다. 내담자의 심리적 불안 해소와 자아정체감 확립 및 사회 심리적 재활을 위하여 모래놀이치료를 적용하였다.

모래상자놀이 제1차(1993. 4. 8)-〈사진 30〉

⊙ 내담자의 상태

내담자는 감별소에서 여러 형태의 구타, 체벌과 비인간적인 대우를 받았던 기억에 몸서리쳤으며 고등학교 자격 검정고시 원서를 제출하고 공부가 잘 되지 않아 불안이 가중되었다. 현재는 집으로 돌아가고 싶지만 아버지에 대한 공포가 크게 자리 잡고 있어서 이러지도 저러지도 못하는 상태다.

| 사진 30 | 아버지와의 투쟁

⊙ 모래놀이 과정

〈사진 30〉에서 보듯이 양쪽으로 나누어서 싸움이 진행 중이다. 공룡과 악어가 한 팀이고 상대 쪽은 군인과 군대를 지휘하는 큰 인물이 있다. 내담자는 자신을 군대를 지휘하는 큰 인물로 투사했고 뼈 없는 공룡은 아버지라고 표현했다. 또한 어릿광대와 울타리 뒤쪽에 탈춤 추는 사람과 풍악을 울리는 놀이패 장면이 있다.

⊙ 치료자의 느낌

아버지에 대한 적개심, 감별소에 대한 부정적인 체험은 내담자에게 공포로 남아 있다. 예를 들면, 감별소에서 선배에게 말을 잘못했다고 8시간 동안 쇠사슬에 묶여 매달려 있었던 고통은 내담자에게 외상 후 스트레스로 나타날 수 있다. 더불어 검정고시에 대한 두려움과 아버지와의 해결되지 않은 문제에 있어서는 내담자가 양극을 두고 싸우고 있는 전사처럼 대면해야만 한다는 각오도 있는 듯하다.

제2차(1993. 4. 23)-〈사진 31, 32〉

⊙ 내담자의 상태

부모 상담이 지속되는 과정 중에 내담자는 아버지와 어머니에 대한 관심이 높아졌다. 내담자가 모래놀이치료를 하기 전에 실시했던 '인생 곡선 그래프 그리기(〈사진 31〉 참조)'를 보면 과거에 대한 통찰과 자신의 현재 위치를 잘 표현했는데 내담자는 지금 현재의 상황에 만족해함을 알 수 있다.

⊙ 모래놀이 과정

길이 트여 있고 그 길을 따라 여러 종류의 자동차들이 바쁘게 속력을 내고 있다.

치료자: 자동차들이 속력을 내고 있네?

내담자: 네, 주제는 '자동차 경주'예요. 자동차 사고가 몇 건이 났는데요, 녹색 차 밑에 돌이 깔렸거든요. 사고를 처리하느라고 한 사람이 삽으로 돌을 빼내고 있어요. 또 빨간 자동차가 담을 들이받아서 인명 피해가 났어요. 그래서 구급차를 불렀고, 이 사람이 의사 선생님이세요. 그리고 가운데에 있는 빨간 자동차는 고장이 나서 지금 수리 중이에요. 바퀴 밑에서 정비공이 수리하고 자동차 앞부분도 수리하고 있어요.

⊙ 치료자의 느낌

역동적인 에너지의 흐름을 느낄 수 있다. 그러나 간간히 사고가 역동하는 에너지의 흐름을 막는 듯하다. 그래도 사고를 처리하고 대책을 세워 가는 면이 인상적이다. 내담자의 마음은 급하다. 그러

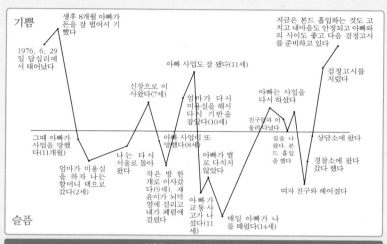

기쁨

생후 8개월 아빠가
돈을 잘 벌어서 기
뻤다

1976. 6. 29
일 담십리에
서 태어났다

아빠 사업도 잘 됐다(11세)

지금은 본드 흡입하는 것도 고
치고 내마음도 안정되고 아빠와
의 사이도 좋고 다음 검정고시
를 준비하고 있다

신장으로 이
사왔다(7세)

엄마가 다시
미용실을 해서
다시 기반을
잡았다(10세)

아빠는 사업을
다시 하셨다

검정고시를
치렀다

그때 아빠가
사업을 망했
다(11개월)

아빠 사업이 또
망했다(8세)

친구들과 어
울려다녔다

상담소에 왔다

엄마가 미용실
을 하자 나는
할머니 댁으로
갔다(2세)

나는 다시
서울로 돌아
왔다

작은 방 한
개로 이사갔
다(9세). 재
윤이가 뇌막
염에 걸리고
내가 폐렴에
걸렸다

아빠가 별
로 다치지
않았다

아빠가
교통사
고가 나
셨다(11
세)

매일 아빠가 나
를 때렸다(14세)

여자 친구와 헤어졌다

경찰소에 왔다
갔다 했다

집을 나
왔다. 본
드 흡입
을 했다

슬픔

| 사진 31 |　장철영의 인생 곡선

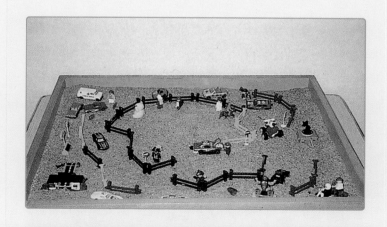

| 사진 32 |　자동차 경주

나 몸이 마음처럼 속도를 내지 못한다. 진취적인 발전을 예상할 수 있고 또한 발전과 도전에 있어 위험을 안고 있는 듯하다.

모래상자놀이 제3차(1993. 5. 7)-〈사진 33〉

◉ 내담자의 상태

가족 상담을 통해 내담자 아버지는 매일 밤 만취하도록 마시던 술이 줄었고 내담자를 수용하기 시작했다. 한편 내담자 어머니는 오랜만에 찾아든 가정의 평화에 만족해한다. 내담자 역시 아버지에 대한 감정이 이완되어 가고 있고, 전혀 의사소통이 불가능했던 아버지와의 대화가 차츰 가능해졌고, 어머니와의 관계는 더욱 밀착되었다. 이렇게 안정된 심리 상태에 있을 무렵, 새로 입소한 또래들에게 또래 치료자로서 상담소 생활과 규칙, 특히 환각제 흡입 단절을 위한 안내를 해 주었고 이러한 과정을 통해 자존감이 상승되었다.

| 사진 33 | 향토 예비군

◉ 모래놀이 과정

내담자는 모래에 대한 흥미가 상승되어 가고 있다. 제1차에서 양극의 상태를 표현했던 적이 있었는데, 제3차인 〈사진 33〉에서의 표현을 보면 왼쪽에는 마을이 있고 마을 앞에는 군대가 쳐들어왔다. 처음 선택한 장난감은 집이었다.

내담자: 이 장면은요, 평화로운 마을에 악당이 침입했어요. 악당을 쳐부수기 위해서 평상시에 준비하고 있었던 향토 예비군이 나와서 막고 있고 집집마다 일하던 사람들이 모두 나와 힘을 합치고 있는 중이에요.

치료자: 그런데 악당들이 더 힘이 셀 것 같은데?

내담자: 그래도 결국에는 향토 예비군의 승리로 마을을 보호해요.

◉ 치료자의 느낌

내담자가 평화로운 마을을 표현한 것과 향토 예비군의 준비는 인상적이다. 치료자가 느끼기에 내담자의 내면 세계를 그린 듯하다. 동시에 통로를 열어 놓고 악당들을 대변하는 부분도 인상적이다. 여기서 내담자가 표현하는 악당들은 외부 세계의 위험인 듯하다. 향토 예비군의 승리와 마을이 안전하게 보호될 것이라는 자신감 역시 현재 내담자의 새로운 도전인 검정고시에 대한 힘을 감지할 수 있다.

모래상자놀이 제4차(1993. 5. 20)-〈사진 34〉

⊙ 내담자의 상태

또래 치료자로서 자기 자신이 방황했던 과거를 또래에게 표현하면서 그들에게 용기를 주고 환각제 흡입을 단절할 수 있다는 자신감을 불어넣어 준다. 내담자는 심리적으로 매우 안정된 상태를 유지하고 있다.

⊙ 모래놀이 과정

제3차에서도 처음 선택한 장난감이 집이었는데 제4차에서도 집을 처음으로 선택했다. 제3차와 구조가 같다.

내담자: 일기 예보에 홍수가 난다고 해서 미리 제방 둑을 막는 거예요. 마을 사람들이 모두 도구를 들고 제방 쪽으로 나오고 있어요. 너무나 바빠요. 언제 폭우가 쏟아질지 모르거든요.

| 사진 34 | 홍수

⊙ 치료자의 느낌

제3차와 같은 분위기다. 홍수가 난다는 것은 인력으로 할 수 없다. 그러나 예방 대책을 세우면 인명 피해 없이 지날 수도 있다. 여기서 예방 대책은 사려 깊고 섬세하고 튼튼하게 해야 할 것이다. 내담자 자신의 대책을 세우는 데 일기 예보가 있었다는 것은 인상 깊다. 홍수로 인한 피해를 막아야 한다는 일념이 엿보인다. 또한 내담자는 처음에 선택한 장난감이 집이었고 마을을 수호해야 하는 책임감은 현실적으로 내담자 가정의 평화와 동시에 내담자 자신의 심리 상태의 안정에 대한 표현으로 보인다.

모래상자놀이 제5차(1993. 6. 9)-〈사진 35〉

⊙ 내담자의 상태

내담자의 심리적인 문제는 과거에 아버지와 감별소에 갔을 때 가졌던 부정적인 경험이 주를 이루었는데, 아버지와의 관계가 이완되자 내담자의 심리적인 문제의 초점은 내담자 개인의 자신에게로 향했다. 내담자는 또다시 혼란을 겪는다.

⊙ 모래놀이 과정

제1차에서 제4차까지의 모래놀이와는 대조적인 모래놀이가 전개된다. 처음 선택한 장난감은 큰 나무다. 내담자가 모래놀이를 완성한 후 치료자에게 설명해 준다.

내담자: 나무 앞에 서 있는 소년이 바로 저예요. 지금 어느 쪽으로 가야 좋을지 망설이고 있어요. 오른쪽은 상담소에 들어오기 전의 악의 세계이고요. 왼쪽은 그렇지 않아요. 그런데

| 사진 35 | 나

가고 싶은 곳은 따로 있는데 들어갈 수가 없어요.

◉ 치료자의 느낌

중앙에 큰 나무는 내담자의 목표라고 느껴진다. 그 목표로 향하고 싶지만 울타리가 쳐 있고 막혀 있다. 들어갈 수가 없도록 금지 표지도 세워 있다. 내담자는 어떻게 해야 좋을지 모르지만 마음속 깊이 목표점, 즉 가야 할 길이 설정되어 있다는 점은 긍정적이다.

모래상자놀이 제6차(1993. 6. 23)−⟨사진 36⟩

◉ 내담자의 상태

약 보름 남짓 치료자에게 산만한 마음을 표현하더니 자신이 가야 할 방향이 보이는지 다시 안정적이다. 내담자 주변의 가족, 또래 집단과의 관계는 원만한 상태다.

| 사진 36 | 목표

⊙ **모래놀이 과정**

  제5차에서 가두어 두었던 나무가 중심으로 서 있고 긴 길이 만들어졌다. 많은 사람들이 나무를 향하여 걸어가는데, 가다가 엎어진 사람도 있고, 가던 길을 중단하고 울타리 너머를 보고 있는 사람도 있고, 이제 막 길을 따라 걷기 시작한 사람도 있다. 빨간 모자를 쓰고 회색 옷을 입은 내담자는 나무 가까이에 와 있다. 길이 아닌 옆의 세계에는 호수에 빠진 사람도 있고 왼쪽에 있는 사람은 목표를 보았지만 길이 아닌 곳으로 오토바이를 타고 가고 있다.

⊙ **치료자의 느낌**

  제5차에서의 갈등이 풀어지고 목표만을 향하여 열심히 걷는 내담자가 인상적이다. 서서히 자신이 모래놀이를 해 가면서 마음이 정리되고 자아정체감을 확립해 간다고 볼 수 있다.

모래상자놀이 제7차(1993. 7. 22)-〈사진 37, 38, 39, 40, 41, 42〉

⊙ 내담자의 상태

검정고시 시험에서 네 과목이 합격했다. 내담자가 목표로 세운 것은 세 과목 합격이었는데 네 과목이 합격되었고 더욱이 성적도 좋게 나왔다. 내담자는 자신도 할 수 있다는 자신감을 가질 수 있었고 무엇보다도 내담자를 바라보고 있는 부모님이 너무도 기뻐했다. 한편 내담자의 강력한 요청으로 인하여 여름 방학을 이용하여 내담자 동생도 상담소에 와서 함께 공동생활을 하며 형제애를 나누고 있다. 가족 간의 일치와 형제애는 돈독해지고 있고 내담자는 자신의 일에 정진하는 모습을 보여 주고 있다. 제7차 모래놀이를 하기 전에 내담자는 치료자와 함께 '사진 말 나누기'를 했다. 내담자는 자신의 과거, 현재, 미래의 사진을 골라서 표현을 했다. "나의 과거는 의자가 많은데 앉지를 못하고 자신의 자리를 찾지 못하는 모습입니다. 현재는 열심히 공부하고 도전하는 모습이구요. 미래는 뿌리를 내리고 단단하게 두 다리를 땅에 딛고 서 있는 모습입니다." 이렇듯 내담자의 현재는 자신의 미래를 향해 긍정적으로 도전해 가는 상태다.

⊙ 모래놀이 과정

내담자: 제 몸에 진물(금단 현상)이 아물고 있어요. 오늘은 제 몸의 진물 나는 종기를 나타내 보고 싶어요.

맨 처음 현재의 자신인 인물을 중앙에 놓았다. 그다음 주인공의 과거를 회상하는 야수를 놓았다. 야수 뒤편에 기도하고 있는 참신한 소년을 놓으면서 "이때는 순진하고 아주 착했어요."라고 말했

| 사진 37 | 나의 일생(현재)

| 사진 38 | 나의 일생(영아기)

| 사진 39 | 나의 일생(유아기)

| 사진 40 | 나의 일생(사춘기)

| 사진 41 | 나의 일생(청년기)

| 사진 42 | 나의 일생(미래)

고, 그다음에 코끼리를 놓으면서 "코끼리는 저의 아기 때 모습이에요."라고 말했다. 그다음에 시든 꽃나무, 어릿광대를 놓았고, 중앙에 현재의 자신 옆에는 꽃이 있는 나무, 코끼리 옆에는 작은 어린 나무, 그다음에 미래의 자신을 놓고 그 옆에는 열매 달린 나무를 놓으면서 미래의 자신은 반드시 성공할 것이라고 다짐한다.

그런 다음 큰 나무를 놓고 "게가 기둥이 되었어요."라고 말한다. 이렇게 자신의 영아기부터 미래 자신의 모습까지 펼쳐 보인 다음 울타리로 길을 정리한다. 미녀, 게, 난쟁이는 현재의 내담자를 바라보고 있다. 미녀를 가리키며 "이 사람은 수녀님이에요."라고 말한다. 또한 시들었던 과거(환각, 폭력 등)에도 많은 사람들이 자신을 바라보았다고 한다.

⊙ 치료자의 느낌

〈사진 37~42〉에서 볼 수 있듯이 내담자는 전반적인 자신의 모습, 즉 자기에 대한 통찰을 얻었다고 볼 수 있다. 특히 검정고시 합격을 하면서 자신에 대한 긍정적인 자기관은 자신의 과거, 현재, 미래를 통합해 가는 모습을 보여 주었다.

고 찰

환각제 흡입 단절과 성격 장애 교정을 통한 폭력 행동의 소거에 상담 목표를 두고 상담을 진행하였다. 제1단계에서는 내담자와 아버지와의 무너진 신뢰를 회복하고 내담자와 내담자 동생과의 감정 이완을 도모하기 위해 집단상담과 가족 개입으로 접근하였다. 제2단계에서는 내담자의 자아정체감 확립을 위하여 모래놀이치료로 접근하였다.

사회적 평가

개인 및 가족의 분위기

내담자는 아버지와의 불신 감정이 해소되면서 내담자 개인의 심리적 안정과 가정이 편안하게 정리되었다.

친구 관계

비록 학교생활은 아니었지만 공동생활을 통하여 동일한 문제를 가진 친구들과 긍정적이고 발전적인 지향을 함께 나누었고 집단 구성원들과의 토의를 통해 고민과 갈등을 함께 나누면서 동료애를 경험하였다.

심리적 평가

내담자 상담 종결 2개월이 지난 후 인성 진단 검사와 문장 완성 검사를 실시했다.

인성 진단 검사 사후 실시(1993. 10. 29)

상담을 처음 시작한 1992년 5월 22일의 검사에서는 타당도에 문제가 있어서 검사를 신뢰할 수 없었는데 이번 검사에서는 지난번 검사보다도 타당성이 더 떨어졌다. 이러한 결과는 내담자 자신이 긍정적인 모습을 보이려는 의도가 무의식적으로 너무 강하게 작용한 결과로 보인다. 한편 활동성, 안정성, 지배성, 사회성, 자율성, 사려성 등이 모두 크게 상승했는데, 이것은 내담자가 자신에 대한 시각이 상당히 긍정적으로 변모한 결과라고 볼 수 있다. 불안 경향은 처음과 비슷한 수준이며, 우울과 편집 경향은 큰 차이를 보이며 떨어졌는데 이것은 자신의 인생에 대한 희망적 태도와 타인에 의한 피해의식이 줄었다고 볼 수 있다.

문장 완성 검사(SCT)-사후 검사

1992년 5월 22일에 실시했던 사전 검사보다 더욱 희망적이고 적극적인 모습을 보였다. 특히 아버지에 대한 감정이 완전히 해소되어 "이제는 남자 대 남자로 대화할 수 있을 것 같다."라고 아버지와의 관계를 표현했다.

내담자의 자아정체감 확립을 위한 모래놀이치료의 효과성

내담자에게 모래놀이치료는 크게 두 부분으로 나눌 수 있는데, 전반부(제1차~제4차)에서는 자신과 가족 간의 관계를 표출했고 후반부(제5차~제7차)에서는 내담자 자신의 자아정체감에 대한 표현을 볼 수 있었다. 내담자 자신이 모래놀이에 흥미 있어 하는 강점이 있었으며 자발적이고 적극적인 자기 내면에서부터 변용하려는 힘을 최대한 활용했다고 볼 수 있다.

제 8 장

알코올 중독 청소년 사례

사례 개요

♣ **이름:** 이명운(가명, 남 13세, 중1 중퇴, 이하 내담자라 칭함)

♣ **주요 문제:** 복합 비행(약물 중독, 알코올 중독, 도벽)

♣ **가족 사항:** 할머니, 아버지(46세), 형(15세)과 함께 살고 어머니
는 가출하였다.

♣ **가족력:** 내담자의 어머니는 내담자가 9세 때 가출하여 소식이
없다. 그 이후 외갓집에 가면 간간이 어머니를 만날 수 있곤 하
였다. 아버지는 알코올 중독 환자다. 직업은 벽돌 쌓기를 하는
노동자이지만 술 때문에 일을 꾸준히 하지 못한다. 아버지의

방황 생활의 지속은 어머니에 대한 기다림과 아쉬움에 있는
듯하다. 형은 중학교에 다니면서 신문 배달을 한다.

🌲 **문제력:** 내담자는 초등학교 5학년 때부터 환각제를 흡입했다.
문구점에서 돈을 훔치는 등 도벽이 생겼으며 한번은 아버지의
통장을 가져다가 24만 원을 찾아 썼다고 한다. 동네 형들과 함
께 몰려다니면서 환각제 흡입, 흡연, 도벽 등 비행 행동이 심
화되었다.

입소 초기에는 잘 지냈으나 아버지가 방문하여 함께 귀가하
면서 점차 부적응 현상이 일어났다. 아버지가 술을 마시고 상
담소에 오면 내담자는 싫어하면서도 아버지와 함께 나갔고,
상담소에 돌아오기로 약속한 것도 지키지 않았다. 몇 차례 귀
가하여 환각제 흡입을 하고 돌아오는 것을 반복하다가 결국
돌아오지 않았다. 친구들과 어울려 환각제 흡입을 하며 지내
다가 상담소에 오기 싫다는 내담자를 아버지가 억지로 데리고
왔으나 상담소에서 다시 일탈하였다.

약 4개월이 흐른 후 내담자 스스로 상담소에 찾아왔고, 잘
생활하기로 약속을 하고 지내고 있었는데, 경찰서에서 내담자
를 잠깐만 데리고 갔다가 온다고 하는 전화가 왔다. 그 후 사
정을 들어보니 내담자가 친구와 함께 슈퍼마켓에서 150원 상
당의 과자를 훔치다가 들켰고, 경찰서에서는 내담자가 이번
일 말고도 여러 차례 좀도둑처럼 도벽이 있었기 때문에 검찰
로 넘겼다고 하였다. 가정법원에서 재판하는 날에는 아버지가
찾아왔다. 아버지는 치료자와 함께 법정에 나가기를 원했기에

내담자가 상담소에 입소 중 감별소에 갔던 점을 감안하여 법정에 나갔다. 그날 재판에서 내담자에게 상담소에 가서 다시 생활하는 것에 대하여 묻자 상담소에 있고 싶다고 했다. 그래서 내담자는 그 이후 다시 상담소에 와서 생활하게 되었으며 중학교 1학년 복학을 위하여 집으로 돌아갔다.

그 후 집으로 돌아간 내담자에게 전화가 왔고, 내담자는 상담소에 오고 싶다고 하였다. 내담자는 친구와 함께 왔고, 그동안의 생활에 대하여 묻자 낮에는 약물(환각제, 담배, 술), 비디오(액션, 만화, 포르노) 등에 취하는 혼돈된 생활을 계속했고, 밤에는 단란주점 앞에서 손님을 끄는 삐끼(호객 행위)를 하였다고 한다. 내담자는 단란주점에서 일하면서 치료자 생각이 간간이 났었다고 한다. 이번에도 그런 생각 끝에 전화를 했고, 상담소에 올 때 자신의 가슴이 두근거렸다고 표현을 했다.

사 정

심리적 사정

지능 검사

내담자의 전체 지능 지수는 102로서 평균급에 속하고 백분위는 50~62%에 해당된다. 언어성 지능은 91, 동작성 지능은 113이다. 언어성 지능과 동작성 지능의 큰 차이는 일반 학습 능력이 일상생활 적용 능력에 비하여 떨어짐을 반영한다. 그러나 소검사별로 볼 때 상식이 유의미하게 떨어지므로 청소년의 기본 지식 수준이 부족함을 반영하는 것이라 볼 수 있다. 또한 청소년의 교육 여건이 불안정했음에도 다른 언어성 소검사가 평균 정도의 능력을 나타내는 것으로 보아 청소년에게 학습에 대한 동기와 환경이 조성된다면 충분히 향상될 수 있음을 보여 준다고 할 수 있다.

인성 검사

내담자는 일상생활에서 독립적이고 자발적으로 행동하기를 좋아하며 활동적인 편이나 다른 사람들과 원만하게 관계 맺는 것을 힘들어하고, 불안 · 우울 등의 심리적 갈등을 경험하고 있다고 볼 수 있다.

자아 개념 검사

내담자는 자기 자신에 대하여 객관적으로 평가할 수 있는 힘을 가지고 있고, 비교적 명확하게 자신을 표현하지만 자신에 대한 수용과 존중이 부족하고 비하감과 무가치감을 경험하고 있다고 볼 수 있다.

흥미 검사

내담자는 기업적 · 사업적 활동 및 인간 복지와 관계되는 여러 가지 활동에 흥미를 나타내며 물상, 과학을 제외한 대부분의 영역에 관심을 가지고 있다고 볼 수 있다.

검사자의 의견

내담자는 표현되는 행동이 다소 거칠고 반사회적 · 적대적일 수 있으나 이는 심리적 위축과 상처에 대한 방어라고 볼 수 있다. 그러므로 의미 있는 인간관계의 경험과 지지적 환경을 제공해 줌으로써 건강한 자아상을 형성할 수 있도록 도움을 줄 것이 요망된다.

사회적 사정

가족력

어머니의 부재로 인해 적절한 양육을 받을 수 없었기 때문에 늘 불안하고 외로워했으며 자신감이 부족하고 자존감도 낮았다. 또한 술로 소일하며 늘 만취된 모습으로 신세 한탄을 하는 아버지는 내담자에게 부적절한 역할 모델이 되어 내담자의 미래에 대한 희망은 불투명했을 것이라 사료된다.

학교력

내담자는 학교에서 학습 수준이 떨어졌기 때문에 특수학급에 배치되었다. 그러나 지능 검사를 통해서 볼 때 내담자의 학습 능력은 충분하다고 사료된다. 그렇지만 내담자는 학교에 가지 않고 비행 행동, 특히 환각제 흡입을 하기 때문에 술 취한 사람처럼 정신 상태가 몽롱한 채로 생활하였고, 학교에서는 내내 잠만 자는 등 학교생활에 흥미가 없었다.

또래 관계

내담자의 친구는 대부분 머리를 노랗게 물들여 눈 밑까지 길렀다. 빠른 음악에 춤을 추며 담배를 피우고 환각제를 흡입하는 친구들이다. 이들은 같은 임대 아파트에 살고 있고 내담자와 가장 가까운 친구들이다.

치료자 의견

내담자에게는 환각제 흡입을 중단할 수 있도록 전문적인 치료가 요구된다. 무엇보다도 가정과 또래 관계를 재정리할 수 있는 공간이 필요한데 전문 기관을 통해 입소 치료하는 것이 절실하다고 본다. 그리하여 변화하기 어려운 가정과 임대 아파트 주변의 또래 관계에서 벗어나 내담자 자신이 헤쳐 나갈 수 있는 정체성을 확립할 수 있도록 개입해 나가야 한다고 본다.

상담 목표

① 환각제 흡입 단절: 또래 친구들과 분리시킨 후 사회교육 프로그램을 접목시킨다.
② 알코올 중독 문제 해결: 모래놀이치료로 심리적 통합을 도모한다.

상담 실제

1단계: 적응의 시기

사회교육 프로그램으로 제과 제빵 기술을 통하여 또래 관계 증진을 도모하고 집단상담 적용을 통하여 약물을 근절하고 사회 적응을 도모한다.

2단계: 통합의 시기
모래놀이치료를 통하여 자신의 내면을 통찰하도록 도모한다.

모래상자놀이 제1차(1996. 6. 14)-〈사진 43, 44, 45〉

◉ 주제: 아기 예수님과 납치된 아기

◉ 모래놀이 과정

내담자는 처음에 성당을 상자 오른편 하단에 놓았다. 성당 뒤편으로 아기 예수님, 천사, 성모 마리아, 수녀를 놓았고 성당 앞에는 등불을 켜 놓았으며 모래상자 오른편에 집을 놓고, 집 뒤편에는 아빠 사자, 엄마 사자 그리고 새끼 사자를 놓았다. 집 앞에는 등불을 켜 든 사람들이 있다. 모래상자 왼편에는 큰 나무를 사선 방향으로 세웠다. 오른편과는 대조적이었지만 일맥상통하는 부분이 있음을 볼 수 있다. 왼편에서의 드라마는 외계인이 아기를 납치했다. 외계인은 등 뒤에 외계인의 새끼를 업고 있다. 외계인이 아기를 볼모로 잡고 있고 대포와 군인, 배트맨이 대결하고 있으며 큰 나무 뒤편에서는 장갑차를 타고 급히 서둘러서 아기를 구하러 가는 모습이 보인다. 경계선 표시인 사선을 이룬 큰 나무 위에는 원숭이가 매달려 있다.

◉ 특징

아기 예수님 탄생, 새끼 사자, 외계인이 등에 업은 새끼, 외계인이 납치한 아기

◉ 내담자의 표현

엄마를 만나려면 강진에 있는 외가에 가면 된다. 형과 둘이서 가

| 사진 43 | 아기 예수님과 납치된 아기

| 사진 44 | 아기 예수님

| 사진 45 | 납치된 아기

면 그다음 날 엄마가 온다. 아마 할머니가 연락을 하는 것 같다. 엄마와 이모는 쌍둥이다. 그래서 어렸을 때 이모가 엄마인 줄 알고 따라다녔다. 이번 방학에는 강진에 가고 싶다.

아빠에게는 상담소에 있는 것을 알리면 안 된다. 아빠는 술 때문에 망했다. 아빠는 밤에 혼자 운다. 벽돌 쌓는 좋은 기술을 가지고 있어도 술 때문에 안 된다.

⊙ 치료자의 느낌

- 아기와 엄마(아기 예수님–성모 마리아, 엄마 사자–새끼 사자, 외계인–새끼 외계인, 외계인이 납치한 아기)가 인상적이다.
- 내담자의 표현에 있어서도 모래놀이를 하고 나서 '강진에 가고 싶다. 외가댁에 가면 엄마가 온다.'는 말이 인상적이었다.

⊙ 슈퍼비전

야스노부 오카다(일본 경도 문교대학교 심리학부 교수, 국제모래놀이치료학회원[ISST], 일본 모래놀이치료학회장)

- 1부(〈사진 43, 44〉)　처음 성당을 상자 오른편 하단에 놓았습니다. 모래상자에 있어서 이 부분은 시작의 공간을 의미합니다. 내담자의 생육사를 볼 때 지켜진 공간이 전혀 없습니다. 다만 종교적인 '지킴'으로 내담자를 지켜 주는 것은 종교적인 면입니다. 성당과 동물 중에서 원숭이는 모래상자에 있어서 종교적인 면을 상징합니다. 이런 면에서 볼 때, 이 작품은 종교적인 테마를 가지고 있습니다. 또한 사자가 있습니다. 사자는 공격성을 표현하는 것입니다. 따라서 마음속에는 굉장한 공격성이 내재되어 있습니다. 이 부분을 치료해 나가야 할 것입니다.

■ 2부(〈사진 45〉)   아기를 외계인이 볼모로 잡고 있고 대포와 군
인, 배트맨이 대결을 하고 있습니다. 숲 속에서 싸우는 장면이
전개되고 있습니다. 아주 인상적입니다. 싸워야 하는 대상은 과
연 누구입니까? 앞으로 풀어야 할 과제가 무엇입니까? 경계선
표시인 사선을 이룬 큰 나무 위에 원숭이가 매달려 있습니다.
숲 속에 있는 괴물과 싸우는 대상은 오히려 원숭이가 아닐까
요? 원숭이란 초월적이고 내적인 힘의 상징입니다. 숲 속에 있
는 괴물을 물리칠 수 있는 대상은 내담자의 내면의 에너지라고
볼 수 있습니다.
■ 전체적으로 환각제를 사용하는 청소년의 작품으로 볼 때 풍요
로움을 느낄 수 있습니다.

모래상자놀이 제2차(1996. 6. 27)-〈사진 46, 47〉

◎ 주제: 고릴라 가족

◎ 모래놀이 과정

■ 울타리를 만든다. 고릴라 가족(아빠, 엄마, 새끼 두 마리)을 울타
리 안에 넣는다. 구경하는 흑인 아이들이 있다.
■ 호수를 만든다. 주변에는 작은 나무로 호수의 경계를 만들고 호
수 안에는 보트, 쪽배를 띄웠다. 보트와 쪽배에는 사람이 타고
있어서 평화로워 보였다(쓸쓸하지 않다). 원앙 두 마리가 사이좋
게 놀고 있다. 백인 아이들이 바라보고 있다. 유모차에 아기를
태우고 호수 쪽으로 오는 아이가 인상적이다. 호수 위쪽에는 공
원이 있다. 파라솔과 그네, 시소 등이 즐거워 보인다.

■ 큰 나무 밑에 먼 길을 떠날 채비가 된 한 마리 말이 있다.
■ 큰 나무와 말을 치우고 농사짓는 광경을 재연한다. 수레를 밀고
　농기구를 갖춘 후 작업을 진행하는 모습을 볼 수 있다.

◉ 특징
■ 1부: 고릴라 가족－구경하는 흑인 아이들(처음 선택한 완구)
■ 2부: 유모차의 아기, 놀이하는 모습－구경하는 백인 아이들
■ 3부: 큰 나무와 말－농사짓는 작업 현장

◉ 슈퍼비전
야스노부 오카다

■ 1부(〈사진 46〉)   고릴라 가족－구경하는 흑인 아이들
　1차의 원숭이가 2차에서 고릴라로 바뀌었습니다. 원숭이, 고
릴라는 종교적인 의미를 갖습니다. 이런 점에서 내담자는 심성
이 종교적임을 알 수 있습니다. 울타리로 들어오면서 점점 자기

| 사진 46 | 고릴라 가족－구경하는 흑인 아이들

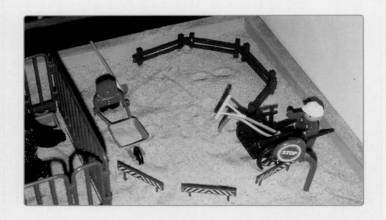

| 사진 47 | 농사짓는 작업 현장

의 내부의 힘으로 흡수되는 안정된 느낌이 옵니다. 그러나 흑인
아이들이 고릴라를 보고 있는 것이 마음에 걸립니다.

■ 2부(〈사진 46〉)   유모차의 아기와 놀이 모습 그리고 구경하는
백인 아이들이 즐거운 장면으로 적절하게 퇴행하였습니다.

■ 3부(〈사진 47〉)   큰 나무 밑에 안장을 한 말의 모습은 농사짓
는 작업 현장으로 바뀐 장면에서 기동성을 의미합니다. 이 장면
은 어떤 사건이 시작되는 작업 현장을 나타냅니다. 즉, 이것은
무엇인가를 만든다는 의미이므로 지금부터 무엇이 만들어질지
궁금합니다.

■ 전체적으로 볼 때 1차와 유사합니다. 모래상자를 네 면으로 볼
때 고릴라 가족이 위치한 면은 상자의 기본이며 중요한 자리입
니다. 이 면이 내담자가 처음 선택한 면이라는 점에서도 의미가
있다고 볼 수 있습니다.

모래상자놀이 제3차(1996. 7. 2)−〈사진 48〉

◉ 주제: 투쟁

◉ 모래놀이 과정

내담자는 완구가 없다고 투덜거린다. 치료자에게 오늘은 동화의 나라를 꾸며 보고 싶다고 하면서 드레곤 볼을 놓았다가 다시 걷는 다. 큰 나무를 상자 왼쪽에 약간 사선 방향으로 놓는다. 상자 앞에서 볼 때 오른쪽이 자신의 편이라고 하면서 양쪽을 편 갈라서 투쟁을 하는 장면을 묘사한다.

◉ 슈퍼비전

야스노부 오카다

연쇄적 공격이나 일대일로 싸운 것이 대등하고 만만하기에 내담 자의 마음, 즉 자아가 튼튼해져 감을 볼 수 있습니다.

| 사진 48 | 투쟁

모래상자놀이 제4차(1996. 7. 22)-〈사진 49〉

◉ 주제: 어머니

◉ 내담자의 상태

강진에 있는 외가에 몹시 가고 싶어 한다. 상담소에서는 여름휴가로 캠프를 다녀왔고, 내담자의 상태도 많이 좋아졌다. 상담소에서 집으로 갈 수 있는 아동들은 여름휴가로 집에 갈 수 있도록 허락하였는데, 내담자도 강진에 있는 외가에 갈 수 있게 되자 무척 기뻐했다. 그동안 보고 싶었던 엄마를 만날 수 있기 때문이라 사료된다.

◉ 모래놀이 과정

■ 집을 모래상자 가장자리에 배치하더니 다시 한쪽으로 배치한다. 작은 울타리로 만든 돼지우리 안에 돼지 두 마리를 배치한다.

| 사진 49 | 어머니

- 젖소 우리와 집과 말과 양이 한 우리에 있다.
- 연못을 판 후 원앙과 거북이를 놀게 한다. 시골 풍경과 맞게 빨래하는 여인, 물을 길어 가는 여인, 나무를 하러 가는 청년, 장독대에서 놀고 있는 어린아이들, 맷돌질하는 여인 등 시골의 진풍경이 인상적이다.
- 모래상자 상단 왼쪽에 모래를 위로 끌어올린 후 산꼭대기에 목청껏 소리쳐 울어 대는 늑대 한 마리가 있다.

⊙ 슈퍼비전

야스노부 오카다

이 작품의 테마는 모성입니다. 작품 중에 여자가 많은 것이 인상적입니다. 전체적으로 정립된 작품인데 완전히 안정되지는 못한 느낌을 받습니다. 공간적으로 볼 때 2차에서 공사 중이던 부분이 4차에서는 동네가 들어섰습니다. 모래상자 윗부분에 동네를 내려다보며 크게 짖고 있는 늑대의 모습이 마음에 걸립니다. 마치 아직 내담자가 해결하지 못하는 아버지에 대한 두려움인 듯합니다. 그러나 외가에 다녀온 후 집으로 돌아갈 수 있는 가능성을 내포하기도 합니다. 전체적으로 볼 때 영역이 구분되어 있지만 가족적인 관계를 느낄 수 있습니다.

⊙ 중간 평가

모래놀이치료는 5차로 내담자 마음 안에 적개심으로 남아 있던 어머니에 대한 감정 정리로 종결을 했다. 아쉬운 점은 동네를 바라보고 산꼭대기에서 하늘을 향해 울어 대는 늑대가 해결되지 않았으나 여기에 등장한 늑대를 아버지의 부분이라고 음미할 때 내담자가 앞으로 풀어 나가야 할 과제라고 사료된다.

내담자는 치료자와 모래놀이 상담을 진행하던 중 떠난 엄마에 대한 그리움으로 엄마를 볼 수 있을까 하여 외가인 강진에 가고자 했다. 강진을 보냈으나 내담자는 돌아오지 않았다. 그 후 오랫동안 소식이 없다가 살레시오 기술교육원에서 전화가 왔다. 그러나 그곳에서도 이탈하였고, 한참 후에 치료자에게 전화를 했는데 내담자는 매번 심하게 술 취한 상태였다.

3년 후 소년이었던 내담자가 청소년이 되어 상담소에 나타났다. 약 2개월간 상담소의 초기 적응 프로그램을 받은 후 적응 프로그램 반으로 옮겨졌다. 반 이동을 한 지 채 일주일이 되지 않아 주말 외출 시에 술을 상담소 안으로 사 가지고 들어왔고, 밤 9시경 네 명의 청소년들이 술을 병째로 마시고 심하게 취한 상태로 교사에게 발견되었다. 약 두 시간 정도 술주정을 하였는데 내담자의 모습은 알코올 중독자의 모습이었다. 이튿날 내담자는 초기 적응 반으로 다시 옮겨 가게 되었다. 모래놀이치료는 3년 후에 다시 시작된 셈이다.

모래상자놀이 제5차(1999. 6. 17)-〈사진 50〉

◉ 주제: 아버지

◉ 내담자의 상태

내담자와 치료자가 상담을 시작하기로 하였고, 모래놀이 시작 일주일 전 내담자는 외출을 강하게 호소해 왔다. 또래인 홍○○와 함께 두 시간 외출을 허락해 주었으나 내담자는 상담소에서 나가자마자 소주 두 병을 마시고 집으로 갔다. 오후 7시경 홍○○에게 전화

| 사진 50 | 아버지

가 왔다. 술이 깨면 들어오겠다는 것이다. 오후 9시경 내담자로부터 전화가 다시 왔다. 치료자가 늦어도 오라고 하니까 새벽 1시가 넘어서야 돌아왔다.

3년 동안 있었던 이야기를 하였다. 내담자는 절도 건으로 소년원에 갔었으며 살레시오에서 3개월 정도 지내다가 가출했다. 중국집 배달을 1년 정도 했으며, 이때 술을 많이 마셨다. 친구들과 놀고 집에 들어가지도 않고, 여자들 만나고……. 그러다가 1997년 12월 9일 아버지가 간경화와 화병으로 돌아가셨다.

아버지가 보고 싶으면 술을 마신다. 술을 마시면 아버지를 만난다. 아버지는 술 때문에 돌아가셨다.

◉ 모래놀이 과정

전쟁의 장면이다. 상자에서 우측이 아군이다. 아군이 나쁜 사람들을 제압했으나 어느새 적군은 공룡(이상한 물체)을 만들었다. "아군은 이상한 물체에게 먹히겠죠?"

　⊙ 치료자 느낌

아군과 적군의 대칭을 볼 수 있다. 적군의 정체를 무어라 단정할 수는 없지만 적군이 만들어 낸 이상한 물체의 정체는 '술'이라고 볼 수 있다.

모래상자놀이 제6차(1999. 6. 24)-〈사진 51〉

　⊙ 주제: 혼돈

　⊙ 내담자의 상태

내담자는 환각제 흡입이 알코올로 전이된 전형적인 약물 중독의 전이 현상을 보이고 있다. 항상 머릿속은 술 생각으로 꽉 차 있고 어떤 방법을 써서라도 기회로 삼으려고 한다. 약 일주일 정도는 견디지만 상담일을 기점으로 외출을 자주 호소해 왔다. 2차 상담 시에는

| 사진 51 | 혼돈

장시간 외출 대신으로 컴퓨터 오락을 허용했다.

⊙ 모래놀이 과정

양순한 양들과 염소와 어린 새끼들이 주위를 둘러싸고 어슬렁거리며 잡아먹으려 하는 맹수들을 만나자 혼비백산이다. 어느 틈이라도 빠져나갈 구멍을 찾으나 나갈 수가 없다. 반면 좌측은 우측과는 대조적으로 표현했다. 큰 나무와 기린 두 마리가 정겹게 있다. 나무위에는 원숭이가 사나운 맹수와 좌지우지하는 염소와 양들을 바라보고 있다.

⊙ 치료자 느낌

2차 상담에서도 관건이 되는 테마는 술이다. 여기서의 술은 맹수들이고, 더 구체적으로 본다면 내담자가 계속 풀어 나가야 하는 부정적인 부분들이라고 사료된다. 한편 내담자가 중요시하는 기린의 부분에서 내담자는 "맹수들이 기린에게 접근하지 못하는 것은 기린이 크기 때문이에요." "원숭이는 나무에 올라가 있기 때문에 맹수들이 접근하지 못해요."라는 표현에서 다른 어떤 부분, 즉 긍정적인 면을 볼 수 있다.

모래상자놀이 제7차(1999. 7. 1)-〈사진 52〉

⊙ 주제: 아빠와 술

⊙ 내담자의 상태

내담자는 축구를 좋아한다. 프로스펙스 5:5 축구 대회를 대비하여 열심히 연습을 한다. 술 생각이 나면 운동으로 대치하는 방법을 서서히 터득해 가고 있다. 보통 약물 중독 청소년들의 해독 과정에

| 사진 52 | 아빠와 술

서 필수적인 것이 있다면 운동 요법인데 다행스럽게 내담자는 축구
를 통하여 많은 도움을 얻고 있다. 그러나 아직도 술 생각을 운동으
로 대치하는 에너지가 약하다. 왜냐하면 술 생각이 날 때마다 집에
가고 싶다는 핑계로 술에 대한 욕구를 억제하지 못하기 때문이다.
내담자는 술과 아버지를 동일시하는 것으로 보인다. 아버지는 산소
도 없다. 가 볼 수도 없다. 벽제 납골당에 있다면서 얼굴 표정이 굳
어진다. 본반으로의 이동을 강하게 호소하나 치료자는 노골적으로
술 때문에 안 된다고 거절했다.

◉ 모래놀이 과정
  ▪ 숲 속의 백설 공주와 일곱 난쟁이를 지켜 주는 제우스 신과 유
    니콘, 기사가 있다. 나무로 울타리를 치고, 그 안에 젖소 가족이
    있다.
  ▪ 좌측 상자의 괴물이 심상치 않다.

◉ 치료자 느낌

　좌측 상단의 괴물은 역시 술의 테마다. 인상적인 것은 백설 공주, 즉 내담자의 마음에 여성성(아니마)의 등장이라고 볼 수 있다. 마치 소중한 어머니의 부분, 보고 싶고 함께 존재하고 싶은, 그래서 지키고 싶은 어머니, 혼돈에서 새로운 창조를 보는 듯하다.

모래상자놀이 제8차(1999. 7. 8)-〈사진 53〉

◉ 주제: 변소

◉ 모래놀이 과정

■ 물동이를 머리에 이고 집으로 돌아가는 여인상

■ 집 앞에는 오줌을 싸서 키를 쓰고 소금을 얻으러 가는 소년과 빈 지게를 지고 동네에서 풍악 놀이를 하고 있는 사람들을 바라보는 소년(내담자가 상당히 마음에 들어 함)

| 사진 53 | 변소

- 동네 한가운데에서 풍악 놀이를 하고 있는 사람들
- 동네를 지키는 장승, 하루방
- 큰 나무가 있는 역사가 깊은 단단하면서도 오래된 기와집
- 기와집과는 대조적이지만 내담자가 '변소'라고 말하는 허술한 집

⊙ 치료자 느낌

키를 쓴 소년과 지게 진 소년은 동일 인물 같다. 물동이를 머리에 인 여인은 3차에서 백설 공주와 비교해 볼 만하다. 동네 한가운데에서 풍악 놀이를 하고 있는 사람들은 아직 내담자의 마음속에 남아 있는 '술'일까? 동네를 지키는 장승과 하루방은 어떠한가? 이제 마음 안에 깊이 자리하고 있는 자신을 지켜 주는 아버지인 듯하다.

모래상자놀이 제9차(1999. 7. 22)-〈사진 54〉

⊙ 주제: 돌잔치

⊙ 내담자의 상태

8차 상담이 끝난 후 내담자는 친구 홍○○와 함께 이발을 하러 다녀오겠다고 했다. 그러나 이발 비용 만 4천 원을 가지고 나간 아이들은 돌아오지 않았다. 몇 시간이 지난 후 내담자만 머리를 자르고 친구는 자르지 않고 왔다. 이유는 이발 비용이 6천 원일 줄 알고, 먼저 오락을 했으나 미용실에 가 보니 이발 비용이 7천 원이어서 자신만 이발을 하고 남은 돈으로는 오락을 하고 왔다는 것이다. 이후에 알았지만 이발 비용은 5천 원이었다.

그날 저녁 6시경 내담자는 치료자에게 찾아와 형에게 전화를 해

보니 형이 교통사고가 나서 집에 있다고 하며 병문안을 가야 한다고 고집을 피운다. 치료자는 내담자가 '술' 생각을 견디지 못하여 그런다고 판단이 되었고, 그리하여 완강하게 거절했다. 내담자는 성질을 부리며 자신을 못 믿는다고 소리를 친다. 치료자도 양보를 하지 않았고, 그 대신 담배 한 개비를 주면서 피우고 올라가라고 했다. 그런 후 밤 10시경 내담자가 집에 갔다는 전화를 받았다. 치료자가 다시는 보고 싶지 않다고, 너무 많이 실망했다고 소리를 쳤다. 그날 내담자는 집에서 술을 마셨고, 공원으로 나가서 술을 마셨다.

　이튿날 오후 3시경 내담자는 술 냄새를 풍기면서 상담소로 왔다. 그날 밤 내담자 형에게 전화가 왔다. 치료자가 교통사고가 났느냐고 묻자 형은 무슨 소리냐며 교통사고는커녕 너무나 건강하다고 했다. 치료자는 심한 배신감으로 인해 내담자를 피해 다녔다. 내담자는 치료자에게 사과를 하려고 찾아다녔고, 마침 그 주간에 캠프 프로그램이 있어서 약 2주간의 공백이 있었다. 물론 캠프에서도 눈을 마주쳐 주지 않자 내담자는 점점 치료자와 긴장감이 팽배해져 갔다. 캠프를 마치고 상담일이 되어서야 치료자와 내담자는 맞대면을 하게 되었다. 치료자는 내담자에게 느꼈던 실망감을 토로했고, 내담자는 이에 대해 사과를 했으며 상담 진행의 위기에서 좋은 기회로 전환하게 되었다.

⊙ 모래놀이 과정

- ■ 그동안의 모래놀이와는 달리 집안 내부를 보여 준다.
- ■ 아기의 돌잔치다. 집 안에는 할아버지, 할머니, 아버지, 어머니, 누나, 아기가 있다. 상에는 축하 케이크가 있고, 할머니는 삼촌

| 사진 54 | 돌잔치

을 반겨 맞고 있다. 여기서 아기는 자기 자신이라고 표현한다.

◉ 치료자 느낌

내담자의 새로운 탄생 1주년이다. 정말 그랬을 것 같다. 돌 때에는 엄마도 있었을 것이고 할아버지, 아버지, 형, 삼촌도 있었을 것이다. 피아노가 가운데 있는 것도 인상적이다. 내담자의 새로운 출발이라고 볼 수 있다.

모래상자놀이 제10차(1999. 7. 31)-〈사진 55〉

◉ 주제: 정비사

◉ 내담자의 상태

7월 30일 검정고시 시험이 있었다. 내담자는 국사, 도덕, 미술이 합격한 것 같다. 한 달 정도 공부해서 3과목이 붙었다는 것은 잘한 것이라고 자화자찬이 대단하다. 전날 밤 11시 30분경 여자 친구에게 전화가 왔었다고 이야기를 해 주었다. 여자 친구가 내담자의 목소리만이라도 듣고 싶어 했지만 내담자가 분심할까 봐 전화를 바꾸어 주지 않았다고 이야기를 하자 내담자는 그 여자 친구를 못 믿겠다고 하며 그녀는 자신을 사귀면서 동시에 다른 남자 아이를 사귀어서 자신이 만나 주지 않는다고 한다. 치료자가 "여자 친구 때문에 집에 가고 싶니?" 하고 묻자, 그 여자 친구가 다른 남자 아이를 사귀어서 술을 많이 마셨다고 한다.

⊙ 모래놀이 과정

　자동차 경주 장면이다. 경계선이 명확하다. 도로에는 자동차 경주를 지켜보는 사람들이 서 있다. 내담자가 중요시하는 사람은 정비사다. 정비사의 자동차도 경주를 하고 있다. 맨 앞에 달리고 있는 빨간 자동차다.

| 사진 55 | 정비사

⊙ 치료자 느낌

자동차 경주는 에너지가 넘친다. 내담자의 상태는 대단히 호전되었다. 그런 가운데 자신의 자동차가 1등을 하고 있다. 정비사는 자동차에 있어서는 의사다. 이제 자신과의 화해가 이루어진다고나 할까? 역동적인 에너지를 활발하게 느낄 수 있다. 그러나 자동차 흐름의 방향이 계속적으로 퇴행하는 듯하다.

모래상자놀이 제11차(1999. 8. 6)-⟨사진 56⟩

⊙ 주제: 가족

⊙ 내담자의 상태

함께 상담하던 홍○○와 다른 친구가 다음 주에는 취업을 나간다. 내담자도 함께 나가고 싶지만 차마 말을 못하고 있다. "수녀님, 제가 취업 나가는 것은 너무 빠르지요?"하며 홍○○와 김○○가 취업을 나가면 너무 심심하다고 하면서 아주 조심스럽게 치료자에게 접근한다. 조금 빠른 감은 있지만 모래상자의 흐름을 보면 현장에 보내는 것도 좋겠다는 생각이 스쳤다. 치료자가 술 때문에 안 된다고 하자 술 생각이 나면 치료자에게 전화를 하면 된다고 한다. 요즘 들어서 아빠 생각을 무척 많이 한다고 한다. 전에는 아빠가 술 때문에 돌아가셨다고 하면서 자신도 술을 마셨다. 그런데 지금은 다르다. 이제는 '아빠가 왜 술을 마셨을까? 엄마는 왜 우리를 두고 갔을까?'를 생각하면 원망보다는 엄마, 아빠도 그럴 수밖에 없었다는 생각이 든다면서 원인 분석을 한다. 동시에 '술과 아빠-술과 나'라는 등식에서 벗어나기 시작했고, 엄마와 여자가 싫다는 것에서 엄마도 좋고 여자도 좋고 남자와 마찬가지로 세상에 꼭 있어야 할 존재라고 하며 아빠와 엄마에 대한 분노와 적개심이 내담자 마음 안에 화해로 이완되어 가고 있다.

⊙ 모래놀이 과정
■ 엄마 기린, 아빠 기린, 형 기린, 동생 기린
■ 엄마 양, 아빠 양, 형 양, 동생 양
■ 아빠 코끼리와 코끼리 형제들(엄마가 없느냐는 치료자의 질문에 소품이 없다고 함)
■ 말의 가족들: 이 장면은 가족을 이루는 짐승들이 물을 마시러 가고, 물을 마시고 돌아오고 있고, 지금 물을 마시고 있기도 한다. 가장 중요한 부분은 기린 가족이다.

⊙ 치료자 느낌
가장 인상적인 것은 가족들이 함께 물을 마시러 간다는 것이다.

| 사진 56 | 가족

여기서 가족, 엄마, 아빠와 내담자와의 화해를 볼 수 있다. 물은 생명이다. 내담자가 알코올에서 빠져나올 수 있는 삶을 의미하며, 새로운 도전을 위한 생명수를 마신 것이다.

고 찰

평 가

본 상담은 1996년 6월 14일부터 모래놀이치료와 집단상담으로 진행하였다. 그러던 중 내담자가 엄마를 보고 싶다고 강하게 호소하는 관계로 상담과정 중에 집에 보냈으나 내담자가 돌아오지 않았다. 그리하여 상담이 중단되었다가 3년 후 환각제 흡입의 문제가 알코올 중독 초기 과정으로 진입한 상태에서 다시 상담이 전개된 사례다. 내담자는 치료자와 신뢰 있는 관계 형성이 되어 있었고, 3년이라는 공백은 서로의 아쉬움이었으나 다시 찾아옴으로써 새로운 전기를 맞게 되었다.

또한 모래놀이치료 끝 부분에서는 내담자의 취업이 빠른 감이 있긴 했지만 과감하게 취업을 진행하였다. 현재 2주째 공장에서 열심히 일하고 있으며 일이 끝나면 매일 치료자에게 전화로 하루의 일들을 이야기해 주고 치료자의 지지를 받는 가운데 힘차게 새로운 하루를 맞이하는 시간을 갖고 있다.

사례를 마치면서 투사적 인성 검사를 중심으로 상담 전과 상담 후를 비교·평가해 볼 때 내담자의 사고에는 여전히 불안이 내재되어 있지만 자아상이 회복되고 있으며 자아를 계속 확장하고자 하는 욕구를 보인다. 즉, 내담자는 과거의 상처에 몰입되어 적대감을 경험하고 자신을 둘러싼 환경을 회피하거나 경계하였으나 화해의 과정을 통해 상처가 아물어 가고 있고 환경과도 적극적으로 접촉하고 스스로 문제를 해결하고자 노력한다. 상담 관계를 통해 경험한 신뢰감을 토대로 아버지와 어머니에 대한 용서와 자신에 대한 수용이 이루어지고 있는데, 아버지에 대해서는 연민과 동일시를 경험하고 있고 어머니에 대한 불안과 적대감은 완전히 해소되지 않았지만 어머니를 수용하고 인정해 주려 하고 있다.

내담자는 이러한 과정을 통해 안정감과 자신감을 회복하고 미래에 대해서 긍정적인 전망을 가지고 있다. 추후 과제로는 현재 내담자가 경험하는 자신감과 미래에 대한 긍정적 전망을 지지해 주면서 동시에 내담자에게 생길 수 있는 장애를 현실적으로 탐색하고 어떻게 대처해 나갈 것인지 논의하는 작업이 필요할 것으로 사료된다. 특히 내담자는 충동성에 취약한데, 이 부분은 지속적인 심리적 지지가 요망되므로 추후 전화 상담과 주말 상담으로 신뢰감이 형성된 치료자와의 관계 속에서 자신의 미래에 대한 희망을 가지며 정진할 수 있기를 기대해 본다.

결 론

본 사례는 약 3년에 걸쳐 진행된 약물 남용과 알코올 중독 청소년에게 사회교육, 집단상담, 개별상담으로 개입한 사례다. 중독의 치료 기간은 중독을 경험했던 기간만큼 설정하면 될 것이라고 본다.

먼저 사회교육 프로그램은 내담자가 상담소에 입소하여 외부 약물과 차단된 생활을 하면서 학습 지도, 운동 등 상담소 안의 다양한 프로그램과 야외 활동으로 등산, 캠프, 수영, 고궁 등으로 나가서 결여된 문화와 경직된 정서를 풀어 주었다. 1차적으로는 마음 정리가 되어 귀가 조치하고 중학교에 입학도 시도하였으나 다시 문제가 야기되었다. 다시 상담소에 돌아와 약물을 중단하고 앞으로 살아갈 진로에 대한 사회교육으로 제과 제빵 기술을 익히면서 자신의 정체감을 확고하게 하도록 도왔다.

동시에 집단상담으로 인간관계 연습을 시도하였다. 집단 구성원은 총 5명으로 모두가 약물 중독이 심한 구성원들이었다. 집단상담 진행 과정에서 구성원 중 1명이 복학을 하였고, 그중 3명은 취업을 하였다. 내담자만 남게 되어 집단상담은 계획된 대로 진행하지 못하고 종결하였다. 그러나 집단상담 과정 중에서 내담자는 자신을 돌아보는 좋은 시간을 갖게 되었다.

다음은 개별상담으로 내담자의 마음의 흐름을 치료자가 자연스럽게 따라가고 치료자와 좋은 관계를 가지며 마음을 정리해 나갔다. 가족 중 어머니에 대한 혼란스런 감정인 그리움과 미움의 얽힘이 풀렸으며 상담 종결 부분에서는 어머니를 찾아가는 것으로 마음의 안정을 갖고 자신의 본래 모습을 바라볼 수 있는 용기를 갖게 된다. 이러한 측면은 그동안 내담자가 방황하고 비행 청소년으로, 특히 약물 남용 청소년으로서 하루하루를 살아가던 생활을 정리할 수 있는 힘을 얻게 되었음을 알게 해 준다.

이와 같이 중독 청소년에 대해 사회 교육적 차원, 집단상담 차원, 개별상담 차원의 다각적인 접근 방법을 시도한 결과 다음과 같은 제안을 하고자 한다.

첫째, 중독 청소년들이 재활할 수 있도록 의학적 차원의 접근뿐만 아니라 심리·사회적 접근이 필요하다. 청소년 중독에 있어서 우선적인 것은 중독을 하지 않도록 예방해 나가는 차원이 중요한 것은 더 말할 나위도 없다. 그러나 중독에 이미 젖어 든 청소년들이 재활해 나가면서 자신의 새롭게 변화된 모습 안에서 자신감 있게 살아가는 것을 볼 때 또 다른 의미가 있다고 본다. 물론 그들은 환자다. 따라서 그들에게 의학적 차원의 치료 방법 또한 필요하다. 그러나 그들에게 약물을 중단할 수 있는 의지력과 약물을 잊을 수 있는 대처 방안을 모색하는 것 역시 약물 남용 청소년의 재발 방지를 위해 매우 중요한 것이다. 그렇게 하기 위해서는 그들을 돕는 자원이 다양해야 하겠다. 또한 청소년들의 역동적인 에너지를 활용하여 접근해 간다면 청소년이 약물 남용을 중단하고 재활해 갈 수 있도록 도움을 줄 수 있을 것이다. 본 사례는 청소년의 심리적 상승감을 고려함으로써 급변하는 신체적 성장과 정체감을 정립해 보려는 심리·사회적으로 접근한 상담치료였다고 볼 수 있다. 상담소는 내담자에게 좋은 자원이 되었다. 그러나 좀 더 나아가 학업을 위한 학교 혹은 취업을 위한 산업체 등의 자원과도 연결이 되어야 할 것이다. 또한 사회교육, 집단상담, 개별상담의 다각적 차원의 접근 방법은 약물 남용 청소년의 사회적 재활, 사회적 관계 형성, 정체감 확립, 심리적 안정의 회복을 위한 좋은 방법이었다. 그러나 가족과의 계속적인 연결로 가족 치료적 차원의 접근 방법도 병행하였다면 더 좋은 결과를 가져올 수 있었을 것이다.

둘째, 이와 같은 상담치료를 하기 위한 전국적인 시설이 요구된다. 우리나라에는 중독 청소년들을 위한 전문적인 치료 시설이 부족하다. 그나마 있는 곳은 병원 시설로서 약물 남용 청소년을 둔 부모로서는 치료하고 싶어도 치료 비용의 부담으로 인해 엄두조차 내지 못하고 있다. 또한 수많은 중독 청소년은 가정 환경이 매우 열악하다. 따라서 이런 청소년들을 위한 치료 시설이 필요하다. 현재 상담소가 이와 같은 역할을 하고 있으나 이는 전국적인 중독 청소년 숫자에 비하면 매우 부족하고 서울시라는 한계성을 지니고 있다. 이와 같은 시설은 상담 현장이 완비되고, 숙식을 할 수 있는 입원 시설이 필요하며, 사회 교육을 해 나갈 수 있는 전문 인력이 요구된다. 즉, 전문 사회복지사와 심리상담원, 기능교사가 있을 때 가능하리라 본다. 앞으로 이러한 현장 안에서 건강하게 재활해 나갈 수 있도록 이와 같은 시설을 전국적으로 세워야 할 것이다.

제 9 장
복합 문제를 지닌 청소년 사례

사례 개요

본 사례의 청소년은 양육자의 부재로 인하여 가출, 부탄가스를 흡입하고 절도, 학교 부적응, 심리적 불안 등 복합적 문제를 가진 사례다. 내담자는 학교에 흥미를 잃고 자퇴를 했으며, 그 후 아버지의 의뢰로 상담소에 입소했다. 입소하고 있는 동안의 전반부는 개별상담과 집단상담을 실시하였고 입소 중반에 이르렀을 때부터 모래놀이 치료로 접근하였다. 아버지의 내방상담은 부정기적으로 이루어졌고, 전화상담은 수시로 진행되었다. 우선 심리 검사를 통한 심리적 사정과 아버지와 내담자의 초기상담을 통한 사회적 사정을 실시하였고, 그러한 결과를 바탕으로 상담 목표를 세운 후 12회기에 걸쳐 본 상담을 실시하였다. 상담이 진행되는 동안 매 회기마다 모래놀이를 음미하였을 뿐 그때마다 상담원의 주관적인 해석은 하지 않았다. 상담 진행이 종결에 이르렀을 때 모래놀이의 전반적인 평가를 정리해 보았다. 상담 목표의 성취도도 주관적으로 해석했으며 객관적인 평가는 상담 종결 후 심리검사로 결론 부분에서 비교·평가해 보았다.

🌳 **이름:** 이명수(가명, 남 15세, 이하 내담자라 칭함)

🌳 **주요 문제:** 가출, 약물(흡연, 본드, 부탄가스 흡입), 절도, 학교 부적응, 심리적 불안

🌳 **가족력:** 내담자 어머니는 내담자가 5세 때 내담자 할아버지의 퇴직금과 집문서를 가지고 집을 나갔다. 내담자 아버지는 내담자가 6세 때 내담자와 내담자 누나를 성남에 있는 그룹홈에 위탁 보호시켰다가 6년 후 내담자가 12세 때 집으로 데려왔다. 집에는 할머니, 아버지, 형, 누나, 내담자가 함께 지냈고 내담자 아버지는 어머니가 언젠가 돌아올 것이라고 믿고 기다렸으며, 성격이 급하고 예민하며 극단적인 상황에 감정적으로 대처하여 소리를 지르곤 하였다. 반면, 내담자에게는 지나치게 과잉보호를 하였다. 내담자는 형이 자신의 문제에 대하여 훈계하고 체벌을 하기 때문에 형을 몹시 어려워한다. 누나는 간호원으로 기숙사에서 생활을 하고 있다. 내담자는 초등학교 시절에는 소극적인 편이었으나 중학교에 올라가면서 동네에 힘 있는 아이들을 쫓아 다녔고, 자신보다 약한 아이에게는 본인이 직접 싸우나 힘이 센 아이들에게는 본인이 직접 대하지

못하고 힘센 친구들의 힘을 빌려 싸우곤 하였다. 친구들에게 환심을 사려고 집에 있는 물건을 가지고 가서 친구들에게 나누어 주기도 한다.

🌳 **문제력:** 14세 때 동네 형, 친구와 함께 열쇠가 꽂힌 채 세워 둔 자동차에 시동을 걸어 자동차 사고를 냈다. 그 이후 문제아로 동네에 알려지고, 소년 가장인 친구 집에서 담배를 피우고, 가스 흡입을 시작하였다. 한번은 동네 형이 오토바이를 훔쳤을 때 그 옆에 내담자가 있었는데, 오토바이 훔친 것을 들키면서 다른 형들이 내담자에게 너도 공범이니 나오라고 해서 가출이 시작되었다고 한다. 중학교 입학 후 무단 결석이 잦았고 또한 가출한 것이 학교에 알려지면서 모두에게 낙인 찍혔고 다들 자신을 이상하게 보니 학교에 다니기 싫다고 하였다.

사 정

심리적 사정

지능 검사(KEDI-WISC)

전체 지능 지수는 95로서 평균급에 속한다. 언어성 지능은 94, 동작성 지능은 97로서 언어적 이해 능력과 지각적 구성 능력 간에 유의미한 차이가 없다. 소검사별로 인지 능력을 살펴보면 사회적 상황을 이해하고 해결하는 능력과 사물에 대한 시각적 기억력이 발달

하였으나 수리력이 취약한데 이는 정서적 불안이 작용하고 있을 것
으로 사료된다.

집-나무-사람 투사 검사(HTP)

자기 감정과 생각을 자유롭게 표현하지 못하고 위축 혹은 경직되
어 있으며 내면적으로 '불안'을 경험한다. 내담자는 또래 관계보다
는 성인과의 관계에서 어려움을 갖는데, 이는 어머니가 자신을 버리
고 갔다는 적대감과 정서적으로 불안정한 아버지에 대한 갈등에서
비롯되고 있다고 사료된다(〈사진 57, 58, 59, 60〉 참조).

| 사진 57 | 집 그림 검사-사전

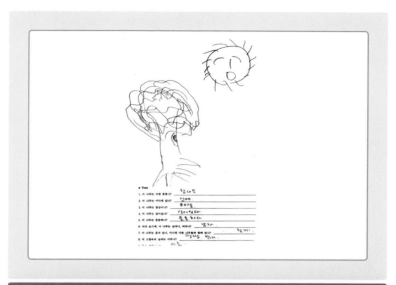

| 사진 58 | 나무 그림 검사-사전

| 사진 59 | 사람(남자) 그림 검사-사전

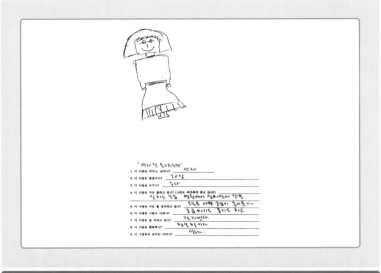

| 사진 60 | 사람(여자) 그림 검사-사전

가족화 검사(KFD)

현재의 가족 관계 내에서도 소외되어 있으며, 외로움과 고립감을 경험한다(〈사진 61〉참조).

문장 완성 검사(SCT)

내담자를 가장 슬프게 하는 것은 떠나간 엄마이고, 내담자의 소원은 엄마, 아빠가 다시 합치는 것이다. 자신에 대한 평가는 긍정적이고 가족에 대해서는 부정적이다.

검사 시 무표정하고 대답을 어물어물하였고 산수 소검사 시 문제를 되묻곤 하였다. 토막 짜기를 할 때는 얼굴을 찡그리면서 "하기 싫다. 짜증난다."고 하여 검사를 중단하기도 하였다. "네가 원할 때 다시 하자."고 한 뒤 3주 정도 지나니까 "저는 심리 검사 언제 해

| 사진 61 | 가족화 검사-사전

요?"하더니 검사자를 만날 때마다 이야기하였다. 재검사를 실시할 때는 지난번보다 표정이 밝았지만 눈 깜박이는 증상은 여전하였고 머리카락을 손가락으로 꼬는 버릇이 있었다.

사회적 사정

할아버지의 퇴직금과 재산을 가지고 도망갔다는 엄마에 대한 적 개심과 친구들이 엄마와 함께 가는 것이 부럽다는 엄마에 대한 그리 움의 양가감정 그리고 아버지의 부적절한 양육 태도와 아버지의 불 안정한 정서가 내담자에게 작용하였다고 본다. 그러한 불안정한 정 서는 내담자가 심하게 눈을 깜박거리는 현상으로 나타난다고 사료 된다. 또한 양육자의 부재와 불안정한 정서로 인하여 또래들과 어 울리면서 담배, 환각제, 부탄가스 등의 약물을 남용하게 되었고 가출로 인한 비행이 전개되었다고 사료된다.

상담 목적 및 방법

① 복합 비행(환각제, 부탄가스 흡입, 절도 등)을 단절하기 위해 초등
   학교 6학년부터 중학교 1학년까지의 또래 친구들과 분리시킨
   후 사회교육 프로그램을 접목시킨다.
② 불안한 정서(눈을 깜박이는 틱 증상이 심함)를 안정시키기 위하
   여 모래놀이치료로 개입한다.

상담 실제

모래놀이치료 이전의 상담

내담자는 8회의 개별 및 집단상담을 실시해 왔다. 초기 단계에서
내담자는 긴장을 하고 어색해했으나 상담원과 관계가 형성되면서
편안하게 상담에 임했다. 상담 시에 농구, 덤블링 위에서 덩크 슛을
하는 행동, 드럼 치는 행동 등 동적인 놀이를 좋아했다. 생활 면과
또래 관계에서는 자신보다 약해 보이는 또래에게는 힘 행사를 하고
힘 있는 또래에게 붙기를 원했다. 내담자는 자신이 상담소에서 자
신이 원하는 것, 예를 들면, 외출을 하고 싶다든지, 귀가할 때 마음
에 드는 친구를 데리고 가고 싶다든지 등을 아버지를 통해서 성취하
려고 하였다. 또한 타인을 배려하는 면이 부족하고 자기 위주로 생

각하고, 결정하려 하며 자기 마음대로 하려는 성향이 강하다.

모래놀이치료 상담 목표

- 아버지와의 신뢰 있는 관계 맺기
- 눈 깜박이기 소거 및 엄지손가락 빠는 것 소거하기
- 자신감 갖기

모래상자놀이 제1차(1997. 6. 18)-〈사진 62〉

⊙ 주제: 늑대 소년의 테마 〈소요 시간 10분〉

■ 처음 선택한 소품: 사자

⊙ 모래놀이 과정

내담자는 진열장을 보더니 사자를 놓는다. 사자류를 놓고 반대편
에 공룡류를 놓는다. 사자가 놓인 편에 각종 가축류를 놓는다. 내담

| 사진 62 | 늑대 소년

자는 "잘못했다."며 다시 상황을 번복한다. 왼편에는 가축류의 동물을, 오른편에는 맹수류를 놓고 대치 상태를 이룬다. 왼편의 고릴라 위에 아이를 올려놓는다. 작품을 다 만들었다고 한다.

치료자: 지금 무얼하고 있는 건데?

내담자: 늑대 소년이 동물들 사이에 있고요. 서로 싸우는 거예요.

⊙ 치료자 느낌

고릴라 등 위에 있는 '늑대 소년' 이 인상적이다. 마치 엄마가 아닌 아빠 등 위에 있는 것 같다.

⊙ 슈퍼비전

우종태(일본 경도 문교대학교 심리학부 교수)

내담자는 자기의 문제, 가족적인 문제를 호소하고 있습니다. 동물학적으로 볼 때 아이를 업는다는 것은 모성적인 부분입니다. 첫 작품은 적절하게 표현하였는데, 이렇게 표현한다는 것이 대단히 인상적입니다. 이렇게 표현한다는 것은 치료로 가는 중요한 열쇠입니다. 표현 능력이 부족하다는 것은 전개해 나가는 것이 힘들기 때문입니다.

가와이 하야오

사춘기 내담자의 경우 여러 가지 어려운 경우가 많은데, 치료자와 관계 유지가 좋은 결과를 가져왔다고 생각합니다. 사춘기 청소년의 경우 비행 문제는 반복적으로 일어나고 이러한 비행 문제가 심화되면 범죄를 일으키게 됩니다. 이 사례의 경우 엄마의 가출이 계속되고, 그러면서 가족이 해체되고 이러한 영향이 내담자의 문제를 야기

시키지 않았나 생각합니다. 그러나 현실에서 엄마는 돌아오지 않았고, 내담자는 모성애를 그리워하고 있었는데 치료자와의 관계에서 그러한 것을 느낀 것 같습니다. 이 치료에서 중요한 것은 내담자에게 어머니가 없어도 훌륭하게 자랄 수 있다는 느낌을 가지게 하는 것입니다. 늑대 소년의 이야기를 보면, 늑대 소년은 어머니가 없이 늑대에 의해 길러졌어도 자신이 잘 성장하였다는 느낌을 갖는데, 이와 같은 것이 이 내담자에게는 필요한 것 같습니다. 여기서 내담자가 표현한 늑대는 자기 자신에게 있어서는 아주 따뜻한 어머니지만 자칫 잘못하면 누구라도 상처를 입히는 아주 무서워 보이는 그런 느낌, 두 가지를 내포하고 있는 것 같습니다.

모래상자놀이 제2차(1997. 8. 20)-〈사진 63〉

◉ 주제: 백설 공주와 일곱 난쟁이〈소요 시간 15분〉
■ 처음 선택한 소품: 성모 마리아, 아기 예수님

◉ 놀이 전 상담

내담자는 상담소 생활이 어렵다고 호소한다. 며칠 전에 친하게 지내던 형 Z가 퇴소한 후에 "상담소가 재미없다. Z 형이 보고 싶다."고 한다. "아빠가 보고 싶지?" 치료자의 물음에 내담자는 고개를 흔든다. 형, 할머니, 누나 순으로 치료자가 묻자 내담자는 "누나가 보고 싶어요."라고 한다. 가족 이야기가 대두되면서 치료자가 엄마 이야기를 꺼냈다. "엄마가 많이 보고 싶어요." 엄마 얼굴은 모르지만 생각은 난다고 한다. 치료자가 언제 생각나느냐고 하자, 아이들이 엄마와 걸어갈 때 보고 싶다고 이야기하면서 계속 운다. 내담자는

| 사진 63 | 백설 공주와 일곱 난쟁이

어제 들어온 강○○ 형이 A한테 자꾸 나가자고 한다고 하고, 어제는
B한테 나가자고 했는데 B가 싫다고 하니 또다시 A한테 나가자고 했
다고 한다. 치료자가 내담자에게 가출할 생각이 없느냐고 묻자 내
담자는 가출하고 싶지만 그 후가 겁난다고 했다.

⊙ 모래놀이 과정

맨 처음 중앙에 성모상을 놓는다. 성모상 앞에 아기 예수님을 놓
았고 기도하는 소년을 놓고 주위에 수녀들을 놓았다. 성모상을 중
심으로 일곱 난쟁이, 백설 공주, 피에로, 말, 원숭이를 놓았고 1차에
서 보였던 고릴라와 아기가 있다.

치료자: 이 장면은 무엇인데?

내담자: 부활절이에요. 정글에서부터 동물들이 몰려오고 있어요.

⊙ 치료자 느낌

백설 공주는 집에서 나와 산속에서 난쟁이들의 도움을 받으며 지

낸다. 내담자도 유아기부터 아동기까지 수녀님들이 운영하는 그룹
홈에서 양육되었다. 한편 중요한 시기인 사춘기 때에도 현재 수녀
님들이 있는 상담소에 있다. 1차에서 보였던 고릴라와 아기가 인상
적이다.

◉ 슈퍼비전
가와이 하야오

이 작품에서 내담자의 내면 세계를 잘 표현한 늑대가 무시무시하
지만 자기를 보호해 주는 마음을 잘 표현한 것 같습니다. 한국이나
일본의 비행 청소년에게서 백설 공주의 테마가 등장합니다. 그러나
미국에서는 거의 없습니다. 백설 공주는 무시무시한 어머니 밑에서
살아남기 위해서 청소, 세탁, 설거지를 하는 등 어떻게 해야 자신이
살아남는지를 배우게 됩니다. 그다음 마녀의 등장으로 관 속에 들
어간다든지, 다시 살아나는 과정을 통해서 여성의 자립심을 키워 가
는 것을 나타냅니다. 그러나 그다음부터는 남자인 난쟁이의 등장으
로 남자의 이야기가 전개됩니다. 몇 년 전(이 책의 6장 환각제 흡입 청
소년 사례)의 사례를 기억하실지 모르겠지만, 그때도 백설 공주 테마
가 등장했습니다. 사춘기 소년이 백설 공주를 나타내는 것은 성장
과정에서 나타날 수 있지만 성인 남자가 그럴 경우에는 정신적으로
조금 이상하다고 볼 수 있습니다. 물론 여자 아이가 백설 공주를 나
타내는 것은 자연스러운 과정입니다. 이 작품은 청소년의 내적 발
달 단계를 나타낸 것이라고 볼 수 있습니다.

모래상자놀이 제3차(1997. 8. 26)-〈사진 64〉

◉ 주제: 모정(母情)〈소요 시간 25분〉

■ 처음 선택한 소품: 호랑이, 늑대

◉ 놀이 전 상담

내담자는 귀가하였다가 생각보다 일찍 돌아왔다.

치료자: 집에 가서 좋았어?

내담자: 네.

치료자: 아빠하고 무슨 이야기했어?

내담자: 아빠가 잘 있으라고 했어요.

치료자: 누나는 만났어? 보고 싶어 했잖아.

내담자: 아빠가 삐삐를 쳐서 누나한테 전화했는데 "명수니?" 하고
　　　　전화가 끊어졌어요. 다시 왔는데 아빠하고만 전화하고 끊
　　　　었어요.

치료자: 섭섭했겠다. 보고 싶어 했는데……. 점심은 할머니가 해
　　　　주셨니?

내담자: 할머니가 없어서 시켜 먹었어요. 오징어 덮밥요.

치료자: 명수는 앞으로 뭐 하고 싶어?

내담자: 전엔 경찰이 하고 싶었는데요, 상담소에 있으니까 상담소
　　　　선생님이 되고 싶어요.

치료자: 명수, 상담소 선생님이 되려면 앞으로 공부 열심히 해야
　　　　하겠네.

내담자: 학교 갈래요.

⊙ 모래놀이 과정

처음에 엄마 호랑이, 아빠 호랑이, 새끼 호랑이를 잡았다가 다시
놓는다. 아빠 늑대, 엄마 늑대, 새끼 늑대를 놓는다. 1차에서처럼 늑
대 등 위에 아기를 업히더니 불안한지 내려놓고 작은 아기를 업힌
다. 사자, 원숭이, 코끼리를 놓는다. 대칭으로 큰 공룡, 외계인을 놓
은 다음 중앙에 십자가 상을 놓았다가 다시 치우고 중앙 상단에 성
모상을 놓는다. 큰 나무를 배치하고 작은 나무들을 놓은 다음 아기
를 치운다.

치료자: 무슨 장면인데?

내담자: 공룡들이 비행접시를 타고 우주에 왔어요. 우선 정글을
　　　　지배하려고 하는데 싸우려고 시도하고 있어요. 지구는 아
　　　　마 성모님이 구해 주실 거예요.

| 사진 64 |　모정 1

◉ **치료자 느낌**

호랑이 가족과 늑대 가족이 인상적이다. 외부를 공격해 오는 외계인, 공룡이 나타난다. 아기를 업히려다 되지 않자 안타깝게 내려놓는 것도 1, 2차의 고릴라와 아기의 연장이라고 볼 수 있다. 가족이 함께 살고 싶은 강한 소망도 엿보인다.

◉ **슈퍼비전**

가와이 하야오

아빠와의 관계, 늑대와의 관계, 사춘기에 갖는 무시무시한 생각들이 이 작품에 표현되어 있습니다. 그러한 무시무시한 이면 뒤에 여린 면도 나타나 있습니다. 그런 측면에서 성모상의 등장을 눈여겨볼 수 있습니다. 이 소년의 여성상, 모성상을 성스러운 성모상으로 표현한 것 같습니다. 그러나 공룡들이 더 크군요. 이것은 자신을 지키려고 하면서도 스스로 통제하지 못하는 그러한 면이 표현된 것 같습니다. 이렇게 죽는다든지, 잡아먹는다든지 이러한 것은 '힘'에 대한 통제되지 못하는 것들이 나타난 것 같습니다.

모래상자놀이 제4차(1997. 9. 1)-〈사진 65〉

◉ **주제**: 모정(母情)〈소요 시간 15분〉
  ▪ 처음 선택한 소품: 큰 공룡

◉ **놀이 전 상담**

내담자의 학습 수준은 초등학교 4학년 수준이고 한글 받침도 틀린다. 내담자는 자신의 학습 수준을 평가한 후 앞으로 초등학교 4학년 공부를 하고 싶어 한다.

| 사진 65 | 모정 2

내담자: 우리 엄마 좀 찾아 주셔요.

치료자: 엄마가 많이 보고 싶구나.

내담자: 아마 누나는 지금도 엄마하고 연락하고 있을 거예요. 할 아버지가 학교 선생님이셨는데 엄마가 할아버지 정년 퇴 직금을 가지고 도망가서 아빠도 고모도 할아버지도 할머 니도 모두 엄마를 싫어해요.

◉ 모래놀이 과정

공룡이 다른 종족의 공룡을 잡아먹는다. 한 공룡이 다른 종족의 새끼 공룡을 입에 물고 잡아먹으려 하자 엄마 공룡이 새끼 공룡을 구 하려고 애쓰고 있다. 새끼 공룡을 엄마 공룡 등 위에 업히려다가 잘 되지 않자 나무 위에다 얹는다. 샘을 파서 공룡이 물을 먹게 한다. 모래놀이 장면 중 아랫부분의 오른쪽 부분을 배치할 때 엄마 공룡이 부각되는 장면에서 치료자에게 엄마 부분이 강하게 전이되었다.

⊙ 치료자 느낌

엄마 공룡의 등장과 새끼 공룡을 엄마 공룡 등 위에 업힐 수 없자 나무 위에 업히는 장면의 연장, 샘을 파서 공룡이 물을 먹게 하는, 여기에서의 샘은 내담자에게 생명을 주는 엄마가 연상된다.

⊙ 슈퍼비전

야스노부 오카다

투쟁, 싸움의 격렬함은 파괴적인 정도에 따라서 많은 차이가 있습니다. 투쟁을 동물과 하다가 점차적으로 파괴의 정도가 과격해집니다. 이 작품에서도 공룡들과의 격돌이 있다가 파괴적인 미사일이 등장하는, 대단한 적개심의 드러남이라고 볼 수 있습니다.

모래상자놀이 제5차(1997. 9. 23)–〈사진 66〉

⊙ 주제: 우정(友情)〈소요 시간 15분〉

■ 처음 선택한 소품: 공룡

⊙ 놀이 전 상담

아빠와는 관계가 좋아졌다. 또래 관계에서는 C와 D가 친하다. 그런데 F가 괴롭힌다. '물 떠 와라.' '신발 가지고 와라.' 등 생활관 생활이 싫다. 어제는 친한 친구인 C가 목욕 중이어서 옷도 입지 않고 있음에도 불구하고 F가 심부름을 시켰다. C는 F가 무서워서 어쩔 수 없이 심부름을 했다. 그때 F가 너무 미웠다. 요즘 식당과 숙실에서 떠드는 사람을 이름 적는다. 이름 적힐까 봐 두렵고, 이름 적는 사람의 권한이 커서 한편으로는 불공평하다는 생각이 든다. 이름 적힌 사람이 매를 맞는 것보다는 안 적힌 사람에게 상을 주는 것이 좋겠다. 이름 적는 사람도 한 사람만 정해 놓고 하는 것보다 번갈아 가면서 했으면 좋겠다. 자기가 좋아하는 사람의 이름은 적지 않기 때문에 부정이 생긴다. 지금 숙실은 불신이 만연하다.

◉ 모래놀이 과정

자동차 경기장에 외계인이 지구를 정복하려고 공룡과 함께 나타났다.

◉ 치료자 느낌

자동차 경기장이 좋은 친구인 C와의 우정이라면, 외계인과 공룡은 생활관에서 내담자와 친구를 괴롭히는 형 F인가 보다.

| 사진 66 | 우정

모래상자놀이 제6차(1997. 10. 21)-〈사진 67〉

⊙ 주제: 부정(父精)〈소요시간 15분〉

■ 처음 선택한 소품: 집

⊙ 모래놀이 과정

내담자는 처음에 집과 사람, 강아지를 좌측에 배치하였다. 우측에
는 나무, 말을 놓고 샘을 팠다. 코끼리와 기린을 놓았다. 그 후 타임
머신을 타고 왔다며 공룡과 코뿔소가 평화로운 마을을 짓밟았다.
정복하기 위해서다.

치료자: 타임머신을 타고 짓밟았네? 여기서 소중한 것이 어떤 것
        인데?

내담자: 사람하고요. 새끼들이에요.

⊙ 치료자의 느낌

제5차의 연장이라고 볼 수 있다. 나무, 말, 샘, 코끼리, 기린이 내

| 사진 67 | 부정

담자와 가족이라면, 공룡과 코뿔소는 양가감정을 가진 아버지인
듯하다. 동시에 왼쪽의 집이 아버지라면 우측의 우물은 어머니인
듯하다.

모래상자놀이 제7차(1997. 11. 6)−〈사진 68〉

◉ 주제: 치료자〈소요시간 15분〉

▪ 처음 선택한 소품: 핵 미사일

◉ 모래놀이 과정

한국과 러시아와의 싸움이다. 내담자는 한국이 이길 수 있다고 한
다. 왜냐하면 한국은 미사일이 있고, 러시아는 무기가 적기 때문에
진다.

◉ 치료자 느낌

한국이 내담자라면 미사일은 내담자의 치료자일 수도 있다. 다시

| 사진 68 | 치료자

말하면 내담자는 치료자가 입소하고 있는 상담소의 책임자라는 배경을 가지고 힘 행사를 주도해 나갈 수 있다고 생각한다.

⊙ 슈퍼비전

가와이 하야오

상당히 좋지 않습니다. 이전까지는 소년의 파괴적이고 무시무시한 내면을 표현한 것 같은데, 치료자가 이를 지켜 주고 있다는 믿음이 생긴 것 같았어요. 그러나 이제는 인간의 싸움으로 변화되어서 나타난 것 같습니다. 미사일의 등장……

모래상자놀이 제8차(1997. 11. 20)-〈사진 69〉

⊙ 주제: 감사〈소요 시간 15분〉

▪ 처음 선택한 소품: 초가집

| 사진 69 | 감사

◉ 모래놀이 과정

한가위 놀이마당 중에 클라이맥스인 '추수감사제' 다. 내담자는 친한 친구인 C와 함께 놀이실에 들어와서인지 흥분되어 있다. C와 함께 오락을 하고 난 후 C와 함께 모래놀이를 하고 싶다고 제안했다.

◉ 치료자 느낌

그동안 힘들었던 내담자 주변의 심각한 문제들이 소거되었다. 감사제를 드리나 보다.

◉ 슈퍼비전

가와이 하야오

지금까지의 싸움하는 장면에서 이번 작품은 싸움이 아닌 인간의 등장과 함께 절대자가 등장하고 있습니다. 이 작품도 전적으로 즐거움을 표현하고 있지는 않습니다. 세계가 뭉쳐 있는 것 같은 느낌이기 때문입니다. 내담자가 이 작품에서 표현하고 싶은 것은 "나는 아주 잘 지내고 있습니다."라는 표현인 것 같습니다. 이러한 것들은 청소년이 조금 좋아졌을 때 호전되었다는 것을 나타내는 것입니다. 여기서 치료자가 안심할 수 있습니다. 그러나 그다음에 나빠질 것에 대해서 긴장하고 있어야 합니다.

모래상자놀이 제9차(1997. 11. 24)-〈사진 70〉

◉ 주제: 재활〈소요 시간 25분〉

■ 처음 선택한 소품: 인디언

◉ 놀이 전 상담

내담자는 상담 초반부터 내년 봄에 퇴소하여 학교에 돌아가겠다

| 사진 70 | 재활

고 다짐을 했다. 그런데 퇴소가 점점 다가오자 학교에 대한 거부감이 생긴다. 자신은 친구들보다 한 학년 떨어지기 때문에 창피하다는 것이다. 치료자는 내담자에게 아빠와의 의논이 더 중요하다는 것을 강조했고, 처음에 학교에 가겠다고 했던 것을 강조해 주었다. 내담자는 학교에 가지 않으면 돈보스코 직업전문학교에 가야 한다며 돈보스코에는 가기 싫다고 한다. 또한 집에 가는 것도 싫다. 심심하기 때문이다.

⊙ 모래놀이 과정

같은 마을인데 윗마을과 아랫마을로 나뉘어져 있다. 인디언들이 이 마을을 다 차지하기 위해서 쳐들어왔다.

⊙ 치료자의 느낌

윗마을이 상담소라면, 아랫마을이 집일 수도 있다. 집에 돌아가야 하는데 인디언들 때문에 두렵다. 집에 돌아가면 학교생활에서의 부적응(학습 부진, 후배들과 같은 학년이라는 창피함)이 두렵다.

⊙ 슈퍼비전

가와이 하야오

굉장히 좋아졌습니다. 그러나 아직 내적으로 긴장하고 방어하고 있는 것 같습니다. 그전 작품처럼 공룡이 등장하는 감당할 수 없는 작품이 아닌 인간 생활에서 상식적으로 생각할 수 있는 작품입니다.

모래상자놀이 제10차(1997. 12. 1)-〈사진 71〉

⊙ 주제: 배낭여행〈소요 시간 20분〉

■ 처음 선택한 소품: 집

⊙ 놀이 전 상담

내담자는 12월 20일에 있을 상담소 축제인 '참 좋은 날 기쁜 날' 행사에서 역할극, 풍물(장구), 태권도에 출현한다. 요즘 생활관에서는 C와 D, F형, G형이 잘해 준다. 치료자가 내담자에게 "처음 상담소에 왔을 때와 지금을 비교해 볼 때, 바뀐 점이 있니?'라는 물음에 자신은 참을성이 많이 생겼고, 환각제와 부탄가스 생각이 나지 않는다고 했다. 그런데 담배는 끊지 못하겠다고 한다. 그리고 아빠와도 친해졌다고 한다.

⊙ 모래놀이 과정

이층집을 우측 상단에 배치한다. 작은 집을 우측 하단에 배치한다. 이층집 앞에 작은 집을 놓고 소년을 놓는다. 자동차를 놓고 아파트를 좌측 상단과 하단에 배치한다. 놓았던 집을 모두 치우고 다시

| 사진 71 | 배낭여행

서양식 집을 배치한다. 소년은 25세가 된 내담자다. 배낭여행을 간
다. 장소는 뉴질랜드다. 뉴질랜드에서 돌아다니며 아르바이트도 하
고 많은 것을 배우고 싶다. 뉴질랜드 친구도 사귀고 싶다. 소년의 기
분은 매우 좋다. 내담자가 혼자인 것은 친구와 함께 가고 싶은데 소
품 진열장에 친구할 만한 소품이 없어서다.

⊙ 치료자 느낌

자신감이 단단해져 간다. 혼자 해외로 배낭여행을 간다. 배낭여
행은 돈을 조금 가지고 떠나 현지에서 몸으로 체험하면서 고생을 각
오하고 떠나는 여행이다. 친구가 있으면 좋지만 없으면 혼자라도
떠날 수 있다. 항상 힘 있는 형에게 붙어서 공생했던 내담자에게 이
장면은 대단한 자신감의 도약이라고 볼 수 있다.

⊙ 슈퍼비전

가와이 하야오

늑대 소년이 성장한 작품입니다. 자기 존재의 성장을 나타낸 것입니다. 이것은 내담자가 있는 장소가 아닌 치료실 안에서 내담자의 성장이라고 볼 수 있습니다. 그리고 내담자 안의 그림자도 표현되고 있습니다. 내담자는 자신의 힘든 부분을 혼자서 해결할 수 없다고 표현하고 있습니다.

모래상자놀이 제11차(1997. 12. 8)-〈사진 72〉

⊙ 주제: 생명(존재)〈소요 시간 20분〉

■ 처음 선택한 소품: 텐트

⊙ 놀이 전 상담

귀가했을 때 아빠랑 약수터에 물 뜨러 갔다. 성당 미사에도 함께 기분 좋게 갔다 왔다. 그런데 오후에 C가 집에 놀러 왔다. 아빠가 짜증을 냈다. 아빤 괜한 것을 가지고 짜증을 낸다. 아빤 기분대로 한

| 사진 72 | 생명(존재)

다. "텔레비전 꺼." "김치 어딨어?" 아빠가 짜증을 내면, 엄마가 보고 싶다. 어릴 때 누나도 아빠한테 많이 맞았다. 누나도 집에 들어가는 것을 싫어했다. 밥 먹기 싫어서 안 먹으면 파리채로 때린다. 이젠 아빠가 짜증을 내면 피해 버린다. 내담자 아버지는 IMF 한파로 인해 직장에서 정리 해고되었다. 내담자 할머니는 중풍으로 누워 계시고 현재 살고 있는 집세도 내지 못하는 것 같다. 그래서 전에 살던 군사 지역인 강화도로 이사를 가야 한다. 그곳은 내담자가 문제를 많이 일으켰던 곳이어서 내담자는 집으로 돌아갈 수가 없다. 이즈음에 학교 담임 선생님으로부터 전화가 왔다. 내담자가 얼마나 좋아졌는지 물었고, 다시 학교에 돌아가도 좋다고 이야기를 해 주었으나 가정의 형편이 갑자기 나빠져서 학교로 돌아가는 것을 보류하기로 하였다.

⊙ 모래놀이 과정

바닷가에 놀러왔다. 친구들(A, B, C)과 놀고 있는데 맹수들이 배가 고파서 잡으러 왔다. 내담자는 텐트 안에 이불을 조심스럽게 깐다.

⊙ 치료자 느낌

텐트는 어머니다. 조심스럽게 텐트 안에 이불을 까는 것은 항상 마음 깊은 곳에 소중하게 간직하고, 안타깝지만 앞으로도 간직하고 살아가야 할 어머니의 부분인 것 같다. 바닷가에 급습한 맹수는 아빠의 부정적인 부분인 것 같기도 하다.

모래상자놀이 제12차(1998. 2. 11)−〈사진 73〉

⊙ 주제: 전쟁기념관〈소요 시간 15분〉

▪ 처음 선택한 소품: 자동차

⊙ 놀이 전 상담

11차가 지난 후 생활관 내에 큰 사건이 발생했다. 내담자는 그동안 집에 갔다 올 때 생활관 내에 가장 힘 있는 형에게 담배 한 갑을 사 와서 선심을 썼다. 돈을 가지고 와서 맡겨 놓고 썼으며, 생활관 내 또래들 사이에서도 담배로 힘 행사를 하여 왔다. 담배 사건이 터지자 내담자에게 사건 전반이 연루되어 있었고, 이로 인하여 내담자는 치료자와의 신뢰가 깨질까 봐 끝까지 숨겼으나 마라톤 상담 끝에 내담자는 울면서 자신을 드러내었다. 깨질까 봐 두려워했던 신뢰가 회복된 후에 12차가 진행되었다.

치료자: 상담소에 있는 것이 좋아?

내담자: 아이들하고 놀고, 요즘은 다 친해서 좋아요.

치료자: 진로 반에서 공부하는 것은?

내담자: 선생님이 알 때까지 가르쳐 주어서 좋아요. 수학은 힘들어요. 영어는 잘하지는 못해도 재미있어요.

치료자: 담배 참는 것이 그렇게 힘들어?

내담자: 놀 때는 생각이 안 나는데, 심심하면 생각이 많이 나요.

치료자: 담배 피면 좋아?

내담자: 담배 피면 답답하지 않아요.

치료자: 담배는 언제부터 피웠어?

내담자: 중학교 1학년 때 Y형하고 담배 피고 외박했어요. 친구 R은

엄마, 아빠가 안 계셔서 R네 집에서 부탄가스 했어요. 그
런데 R의 할머니가 경찰에 신고를 했어요. 그 후에 동네
에 버려진 더러운 자동차가 있길래 열쇠가 꽂혀 있어서
시동을 걸어 보니 시동이 걸렸어요. 동네 형하고 타다가
사고가 났고, 알고 보니 주인이 있는 자동차였어요. 그래
서 동네 사람들이 다 알게 되었어요. 한번은 산에 올라가
면 폐허가 된 교회가 있었는데 R하고 거기에다 불을 펴서
불이 났어요. 다행히 커튼만 탔지만 경찰서에 끌려갔지
요. 아무튼 강화도에는 다시 못 가요. 2학년 초에 인천으
로 이사 왔어요. 학교는 3일 정도 다니다가 가지 않고 땡
땡이 부리고, E네 집에서 담배 피고, 부탄가스 하다가 상
담소에 오게 된 거예요.

치료자: 가스 하면 어때?

내담자: 기분이 좋아요. 하고 싶은 것 다 할 수 있고 편안하고, 환
상이 보이니까 좋죠. 그런데 하고 나면 기운이 없고, 졸려
요. 자고 일어나면 괜찮아요. 요즘은 생각이 안 나요. 부
탄가스를 보면 '내가 옛날에 많이 했었는데…….' 하는
생각을 하지요.

⊙ 모래놀이 과정

자동차를 배치한 후 모래를 크게 쌓아 올린다. 바다다. 바다 앞에
는 전쟁 박물관을 배치한다. 상담소에서 베스타를 타고 친구들, 수
녀님과 먹을 것을 싸 가지고 갔다.

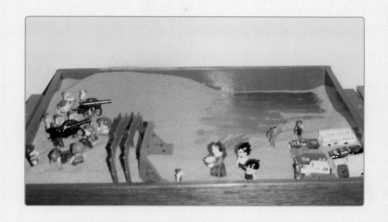

| 사진 73 | 전쟁기념관

⊙ 모래놀이 후 상담

밤에 공부한 지는 2주가 되었다. 많이 힘들지만 검정고시를 볼 것
이다. 모르는 것이 생길 때 짜증이 많이 난다.

⊙ 치료자 느낌

자동차는 현재 불안정한 마음이 이완되고, 생활관의 생활과 아빠
를 수용하고, 힘 있게 일어선 자신감(에너지)의 상징이라고 볼 수 있
겠다. 바다는 여전히 생명을 상징하는 어머니 같고, 전쟁기념관은
내담자가 불안하고 정리되지 않았던 전쟁과 같았던 때를 통과할 때
지나온 자취를 돌아보는 듯하다. 마치 전쟁이 끝난 후 참혹했던 전
쟁을 회고하면서 다시는 이러한 전쟁이 일어나지 않기를 소망하는
전쟁기념관의 취지처럼 내담자에게 전쟁기념관의 의미를 부여해
본다. 또한 주차장에서 전쟁기념관으로 들어가는 입구에 아치형으
로 멋지게 장식한 큰 문은 마치 내담자의 의식과 무의식의 통로인

듯하다. 먹을 것을 들고 가는 수녀님은 치료자로서 지금 현재 가장 힘이 되어 주는 치료자를 시사한다고 본다. 이것은 모래놀이 상담의 본질인 치료자와 내담자 간의 모자 일체성을 보여 주고 있다고 본다.

⊙ 슈퍼비전
가와이 하야오
바다와 육지를 표현했습니다. 이 자체만으로도 소년은 많은 성장을 했다고 볼 수 있습니다.

고 찰

이 사례는 복합적인 문제를 가진 청소년을 일시 보호를 하면서 개별상담, 집단상담, 사회교육 프로그램으로 개입한 사례. 내담자의 주요 문제는 약물 남용, 도벽, 가출, 눈을 깜박거리는 정서 불안 행동이었고, 약물 남용을 중단하고 자신감을 갖게 하기 위하여 상담 중반에 접어들면서 모래놀이치료로 개입하였다. 모래놀이치료 상담의 목표는 ① 아버지와의 신뢰 있는 관계 형성 ② 눈을 깜박이는 증상과 엄지손가락을 빼는 행동의 소거 ③ 자신감 갖기였다.

내담자 아버지는 아내가 가출한 지 10년이 넘게 철저한 기독교 정신으로 아내가 돌아오기만을 기다렸다. 주변에 일어나는 여러 가지 어려운 상황을 신앙으로만 극복하려는 도피적인 성향이 짙다. 한편 내담자에 대해서는 엄마 없이 자랐다는 연민과 동정이 크다.

과잉보호적이나 자신의 감정을 조절하지 못할 때는 심하게 신경질적이고 짜증이 심하다. 치료자와 전화할 때도 내담자가 부탁한 것을 치료자에게 주지시키며 내담자의 일거수일투족에 움직인다.

동시에 내담자의 문제 행동과 더불어 내담자가 본인에게 행하는 폭력도 과다하게 호소해 오는 아버지다. 내담자의 불안정한 모습과 아버지의 불안정한 모습의 양상은 다르나 질적으로는 거의 유사하다고 사료된다. 내담자가 아버지에게 갖는 양가감정과 아버지가 내담자에게 갖는 양가감정이 일치된다고 해도 과언이 아니다.

먼저 상담이 진행되면서 아버지와의 신뢰 형성이 잘 되어 갔다고 본다. 아버지도 내담자가 많이 좋아졌다고 표현했으며, 내담자도 상담 과정 중에 아버지와의 관계가 좋아졌음을 많이 시사하였다. 둘째, 눈 깜박이는 증상과 엄지손가락 빠는 행동은 상담 종결 부분에 와서 거의 완전히 소거되었다. 셋째, 자신감 갖기의 목표 부분은 일반적인 생활 부분에 있어 긍정적인 변화를 가져왔으나 아직도 학습의 부분에 있어서는 자신감이 없다. 자신은 공부를 못한다고 생각하고, 실제로 현재 소속되어 있는 진로 반에서 가장 학습이 부진하다. 운동이나 친구 관계, 치료자와의 좋은 관계 형성의 자신감은 상승되었다고 보나 실제의 학습 부분은 계속적인 지지와 격려가 사료된다. 다음은 상담 전에 실시했던 HTP(〈사진 74, 75, 76, 77〉 참조), KFD(〈사진 78〉 참조), SCT 검사를 재실시한 것이다.

첫째, 집-나무-사람 검사(HTP)를 볼 때, 우선 집(House) 그림 검사를 보면, 초기에는 내담자 혼자 집에 있고 식구들은 쓸쓸해했으며 이 집이 가장 필요로 하는 것은 식구라고 표현했었다. 종결 시에는 세 채의 집을 지었다. 결혼한 형의 집, 결혼한 내담자의 집 그리고

| 사진 74 | 집 그림 검사-사후

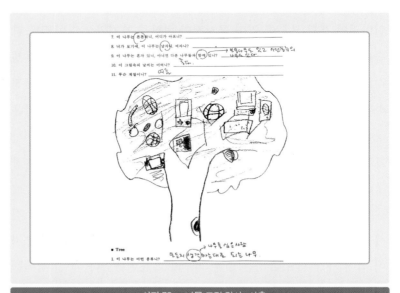

| 사진 75 | 나무 그림 검사-사후

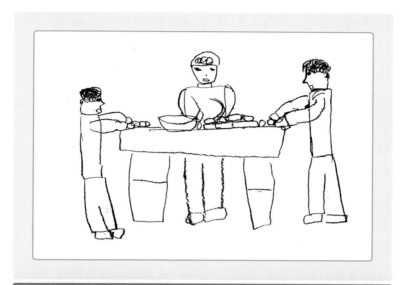

| 사진 76 | 사람(남자) 그림 검사–사후

| 사진 77 | 사람(여자) 그림 검사–사후

나머지 한 채는 아버지와 할머니가 계신 집이다. 세 채의 집이 터놓
지는 않았으나 그림 속에 아버지와 할머니, 형과 형수, 내담자와 아
내가 등장하며 각 집은 행복하다고 한다. 특히 내담자의 집이 가장
필요로 하는 것은 아기다. 나무(Tree) 그림에 있어서는 초기 참나무
를 그렸었는데 그에 대한 별다른 설명은 없었다. 종결 시의 나무 그
림는 무엇이든지 생각하는 대로 되는 나무다. 나무는 주인이 원하
는 것이 아니라 스스로 만들고 싶은 나무다. 사과를 열매 맺을 것이
다. 나무는 자유를 원하고 있고 여러 나무와 함께 있으며 그림 속의
날씨는 좋고 여름이다. 사람(Person) 그림에 있어서 먼저 사람(남자)
그림은 초기 검사에서 자신을 그린 것이 아니라 친구를 그렸었는데,
상담 종결 시에는 빵집에 같이 들어간 Z와 함께 형에게 제빵 기술을
배우는 자기 자신의 그림을 그렸다. 사람(여자) 그림은 초기 검사에
서 누나를 그렸었는데, 종결 시에는 "잘 못 그리는데."라고 말하면
서 그리고 지우고를 여러 번 하다가 종이를 돌려서 수녀님 형상을
그렸다가 다시 지우고 다시 종이를 돌려서 수녀님 형상을 그리고 엄
마를 그렸다. 그림 속의 주인공은 치료자인 수녀님이고 치료자는
잘 지내고 있으나 엄마는 못 지낸다 하면서 엄마가 자신을 생각하며
걱정하고 있고 엄마의 기분은 슬픈 것 같다고 표현하였다.

　둘째, 가족화(KFD) 검사(〈사진 78〉 참조)에서는 가족들의 모습을
표현했다. 아빠가 내담자에게 공부를 가르치고 있고, 형이 할머니
어깨를 주물러 주고, 누나도 할머니 발을 주물러 준다. 가족들의
기분은 보통이다. 내담자와 가장 친한 사람은 누나, 아빠, 형, 할머
니 순이다.

　셋째, 문장 완성 검사(SCT)의 초기와 종결 시의 차이점은 내담자

| 사진 78 | 가족화 검사-사후

가 가장 소중히 여기는 것이 초기에는 '옷' 이었으나, 종결 시에는 '내 생명' 이었다. 아빠와의 관계를 묻는 질문에서 초기에는 "아빠는 침착하시다." 였고, 종결에서는 "나를 사랑하신다." 였다. 내가 가장 싫어하는 사람은 초기에는 '엄마' 였고, 종결 시에는 'F형' 이었다. 나를 가장 슬프게 하는 것은 초기와 종결 모두 '우리 엄마'다. 내가 동물로 변할 수 있다면 '독수리 새' 가 되고 이유는 "하늘을 자유롭게 날기 때문이다." 인데, 이 부분도 초기와 종결의 결과가 같다.

검사와 모래놀이상담의 총 평가를 해 보자면, 내담자는 갈등의 주요 테마인 어머니에 대한 적대감이 그리움으로 변화되면서 죄의식과 불안이 완화되었다고 볼 수 있다. 이것은 치료자에게 어머니에 대한 감정이 투사되고 치료자와 새로운 신뢰 관계를 맺어 간 것의 영향으로 볼 수 있다. 또한 아버지에 대한 감정도 긍정적으로 변화되어 자신의 세계 속에 아버지를 끌어들이려 하고 있다. 하지만 여전히 주도적인 아버지의 영향력에서 벗어나 자유로워지고자 하는 마음이 표현되고 있으며, 아버지를 포함한 가족과 원활한 의사소통이 되지 않는 것에 대한 답답함이 표현된다. 전반적으로 볼 때 자신의 세계를 맞닥뜨려 바라보고 표현할 수 있는 힘과 긍정적인 전망이 생겼다고 본다.

제 10 장

성 학대 피해 아동 사례

사례 개요

🌳 **이름:** 김가은(가명, 여 7세, 이하 아동이라 칭함)

🌳 **가족 사항:** 아빠(51세), 엄마(32세), 오빠(10세), 아동(7세)

🌳 **상담 의뢰 경위:** 2001년 3월 29일 아동 학대 신고(1391)로 현장
조사 후 신체 학대, 정서 학대, 성 학대, 방임으로 아동과 오빠
를 분리하였다. 상담소로 오는 도중 본 치료자와 함께 식사를
했고, 차를 같이 타고 올 때 아동은 오빠와의 분리에 대한 두려
움이 없어 보일 정도로 명랑하고 이야기를 많이 하였다. 아동
은 레이스 달린 치마를 입고 있었고 스타킹과 구두를 신고 있
었다. 깨끗한 옷차림은 아니었으나 신경 써서 입은 옷이다.

🌲 **가족력:** 전라도 광주에서 아빠, 엄마, 오빠, 아동 네 식구가 함께 살았지만 아빠가 엄마를 때렸고 아동이 4세 때 엄마가 가출하였다. 그 이후 아빠, 오빠, 아동은 서울에 올라와 서울역에서 2년 동안 노숙 생활을 하였다. 그 후 '살림터' 라는 쉼터에서 생활하다가 2000년 가을 현재 회현동 쪽방에서 살게 되었다. 작년 봄에 부산에 내려가 가출했던 엄마를 다시 만났으나 그때도 아빠가 엄마를 괴롭혀서 엄마는 집을 나갔다. 아빠는 알코올 중독, 폐결핵을 앓고 있다.

🌲 **문제력**

① 신체 학대: 아빠는 맨손으로 얼굴과 온몸을 때리고, 팔꿈치로 등을 찍는다.

② 정서 학대: 술을 마시든, 마시지 않든 간에 화를 내면서 욕을 한다. 술을 마셨을 경우에는 밤새 벌을 세우고, 잠을 못 자게 한다.

③ 성 학대: 광주에서 살았을 때부터 아버지는 아동의 성기를 만지는 등 성 학대를 하였다. '살림터' 라는 쉼터에서 성 학대가 발견되어 소아정신과에서 치료받은 경험이 2회 있었고, 그 후에도 성 학대가 지속되고 있었다.

④ 방임: 밥을 자주 굶겼으며, 빵과 과자류로 끼니를 때우게 하기도 하였고, 분리 전 주거 환경은 쪽방에서 노숙 생활을 하는 성인들과 함께 살고 있었다.

사 정

사회적 사정

가족 해체로 인한 적절한 양육 환경이 조성되지 않았고, 부모의 불화, 아버지의 신체, 정서, 성 학대와 방임으로 인한 불안감, 가출한 엄마에 대한 그리움이 복합되어 정서적으로 결핍된 상태가 심각하다.

심리적 사정

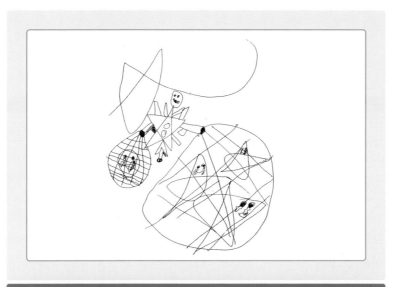

| 사진 79 | 자유화 1

〈사진 79〉는 남자를 그렸다. 내담자는 마귀가 여자 아이를 망으로 된 자루에 넣고 끌어 올리는 것이라고 표현했다.

| 사진 80 | 자유화 2

〈사진 80〉은 어린 여자 아이가 눈물을 펑펑 흘리고 있는 모습니다. 이랫부분에 리본을 그린 것이 인상적이다.

지능 검사

93으로 평균 범위에 속한다. 하위 검사들에서 살펴보면, 아동은 모형의 재구성 능력과 추상적 자극의 시지각 능력이 다른 능력에 비해 우수한 것으로 나타난다. 아동의 약한 부분은 우반구적 처리 능력이 부족하고 의미 있는 자극의 시지각 능력, 집중력이 떨어지고, 주변 자극들을 인식하고 분석·분류하는 능력이 부족한 것으로 나타난다.

인성 검사: HTP, KFD, SCT, CBCL

아동은 내·외적인 긴장과 불안감을 갖고 있으며 자아통제력이 부족한 것으로 나타난다. 아동은 환경을 자신이 어찌할 수 없는 것으로 생각하며 이에 대해 과도한 반응이나 우울한 기분을 표현(짜증, 분노, 울음 등)하고 정서가 혼란된 것으로 나타난다. 또한 타인과의 관계 형성 및 유지에서도 유연성 있는 접근이 용이하지 않으며 자신이 극복하기 어려운 감정이 있는 것으로 보인다. 이러한 것들로 인하여 아동은 불안하고 의존적이며 적극적으로 접촉하여 타인에게 인상을 주려는 경향이 있는 것으로 보인다.

아동에게 공통적으로 나타난 어려운 점은 자신에게 고통을 주는 생각이나 감정이 있다는 신호(신체적·정신적 약점)가 있으며 이것을 해결하지 못하고 부정하거나 억제, 열등감 등의 기제를 사용하고 있는 것으로 사료된다. 아동은 성적 질문을 할 때 자리를 많이 이동하였고, 여러 이야기를 두서없이 반복하였으며 힘들어하였다.

아동의 심리적 특성으로는 지속적이고 심각한 학대 사건들로 인해 정서적·사회적 발달이 미성숙하고 다소 왜곡되었다고 볼 수 있다. 아동에게는 양육자와 양육 환경의 변화, 쪽방에서의 생활 그리고 잘 모르는 노숙자들과 집단 생활을 하면서의 불안정한 생활 또한 고모 집에서 살 때 고모부로부터 성 학대의 부정적인 경험으로 인해 심각한 심리적 외상이 있었다. 게다가 아버지로부터 받은 신체적·성적 학대 등은 매우 심각한 심리적 외상으로 모든 측면에서 아동의 발달을 저해했다고 볼 수 있다.

아동은 현재 정서적으로 혼란되어 있으며 자신을 위협해 오는 감정에 대한 막연한 불안, 긴장을 느끼며 자신이 이를 통제할 수 없음으로 인해 의기소침해하거나 과민한 반응을 보이는 등 상반된 모습을 보이기도 한다. 이러한 불안, 긴장, 충동성, 외향적 행동은 자신의 외상적 경험들을 다룰 수 없는 학대받은 아동들의 특징 중 몇 가지로 볼 수 있다. 또한 환경과의 관계에서도 자극들을 있는 그대로 편안히 수용하기가 어렵고 타인에게 유연성 없이 가장되거나 고집, 짜증, 울음 등의 행동과 강한 인상을 주려는 행동을 하기도 하는 등 어려움을 겪고 있는 것으로 보인다(〈사진 79, 80, 81, 82, 83, 84, 85〉 참조).

| 사진 81 | 집 그림 검사-사전

집 그림 검사에서 해는 성난 표정이고 집이라기보다는 성을 그렸다. 굳게 닫힌 문이 인상적이고 진하게 칠한 부분도 강한 인상을 준다. 집 옆에 작은 풀꽃이 매우 인상적이다.

| 사진 82 | 나무 그림 검사-사전

나무를 그렸다. 보통 아이들의 나무와는 다르다. 나뭇가지가 없고 나무 기둥 위에 연필로
진하게 칠한 나무가 강한 인상을 준다. 땅 위의 작은 풀꽃에 보호막을 쳤다.

| 사진 83 | 사람(여자) 그림 검사-사전

떠나간 엄마다. 집과 멀리 있다. 엄마의 드레스에도 리본으로 치장한 것이 인상적이다.

| 사진 84 | 사람(남자) 그림 검사-사전

문 장 완 성 검 사 (아 동)

1. 내가 가장 행복한 때는 __짜장면 먹을 때.__

2. 내가 좀 더 어렸다면 __우기 먹어요. 이야기하기 싫어요.__

3. 나는 친구가 __조금 있어요. 6명 있어요.__

4. 다른 사람들은 나를 __위라고 해요__

5. 우리 엄마는 __없어요. 머리아파서 생각이 안나요. 자금 임신 안했어요. 아빠가 엄마 임신해서 가에 낳았다고__
   __했어요__

6. 나는 _____

7. 나에게 가장 좋았던 일은 __장난감 가지고 놀고.__

8. 내가 제일 걱정하는 것은 __엄마가 안오는 것이요. 보고 싶어요. 엄마는 부산에 있어요.__

9. 대부분의 아이들은 __모르겠어요.__

10. 내가 좀 더 나이가 많았다면 __모르겠어요.__

11. 내가 가장 좋아하는 사람(은) __김인국 선생님__

12. 내가 가장 싫어하는 사람(은) __고모, 고모부. 고모부가 술에 취해서 못 벗거서 잠지 만졌어요. 이쪄여주요.__
    __이쪄는 고모 땔한테도. 기분은? 싫어요. 고모집에서요. 인율이 짧어요. 고모부는 옷벗고 펜터 벗고 잤어요.__

13. 우리 아빠는 __고모부가 변태라고 했어요. 고모필할때마 그렇게 쳐요.__
    └ 아빠도 잠지 만졌어요. 아났어요. 여자도 있었는데 못벗고 아빠까 여자아줌마 잠지도
      만졌어요

14. 내가 가장 무서워 하는 것은 _____
    └ 고모부가 괴물로 변하는 거요. 괴물이 저를 잡아먹울려고 쳐요. 공룡도 낳다더네요.

15. 내가 가장 좋아하는 놀이는 __몰라요__

16. 내가 가지고 있는 것 중에서 제일 아끼는 것은 __공책. 찢어지면 안돼요.__

17. 내가 가장 가지고 싶은 것은 __인형__

18. 여자 애들은 __몰라요__

19. 나의 좋은 점은 __몰라요__

| 사진 85 | 문장 완성 검사

문장 완성 검사에서 '우리 아빠가 잠지 만졌다.' '내가 가장 싫어하는 사람은 고모부다.' '고모부가 술 취해서 옷 벗거서 잠지 만졌다.' '고모 딸한테도 그랬다.' '고모부는 비밀 지키라고 말했다.' 등의 성 학대 부분을 피력했다.

상담 목표

① 현재의 열악한 환경(신체 학대, 성 학대, 정서 학대, 방임)에서 분리한 후 불안한 상태를 안정감 있게 조성한다.
② 모자간의 일체감을 주는 관계 형성을 도모하여 심리적 외상을 치료해 간다.

상담 실제

모래상자놀이 제1차(2001. 4. 30)-〈사진 86, 87〉

⊙ 주제: 똥

▪ 처음 선택한 장난감: 똥

⊙ 모래놀이 과정

모래상자 치료실에 들어 온 아동은 선반에 '똥'이 보이자 갑자기 괴성을 지른다. 만지지는 못하고, 똥 가까이 손이 왔다 갔다를 반복하면서 소리를 지른다. 간신히 똥을 들어서 모래상자 가운데에 놓더니 다시 집어서 선반에 갖다 놓는다. 치료자에게 저 똥을 안 보이게 해 달라고 하여서 선반 꼭대기, 보이지 않는 곳에 두었다. 아동은 안심하였다는 듯이 조용해지더니 모래상자를 한참 하다가 치료자에게 '똥'을 보여 달라고 한다. '똥'을 보여 주자 '똥'을 모래상자 좌측에 놓아 달라고 한다. 치료자가 놓아 주자 다시 그 똥을 집어서

선반 위에 두라고 치료자에게 지시한다. '똥'을 배치하였던 자리에
미사일과 군인을 배치한다.

| 사진 86 | 똥

| 사진 87 | 바닷속 광경

⊙ 행동 관찰

아동은 욕을 잘하고 말투가 험하며 행동이 거칠다. 반찬을 거의 먹지 않고 적은 양을 먹는 데도 오래 걸리고 음식을 남긴다. 생활관에 있는 네 살 위의 언니들에게 언니답지 않다며 대든다. 합창 대회 연습은 열심히 따라 하고 적극적이다. 교사가 아동에게 관심 갖지 않으면 학습실을 돌아다니고 어깨를 늘어뜨리고 힘이 없는 표정을 짓는다. 다른 아동과 장난을 치다가 코피를 흘렸는데도 겁을 내지 않고 상황을 설명한다. 학습 시간에 교사가 다른 아동들에게 관심을 갖지 않고 자신에게만 집중하도록 하기 위해 질문을 계속한다. 점심시간이 되면 힘이 없어지고 머리와 배가 아파서 밥을 못 먹겠다고 한다. 아동은 자신이 이해가 되지 않을 경우 쉽게 토라지나 설명을 해 주면 알아듣고 금방 풀어진다.

모래상자 두 개가 준비되어 있다. 첫 번째 모래상자를 다 한 후 두 번째 모래상자를 한다. 첫 번째와는 대조적이다. 제목은 바닷속 광경이다. 맨 처음 인어 공주를 배치한다. 지옥 불도 강조하면서 배치한다. 마녀도 인상적이고, 등이 딱딱한 게를 다양하게 배치한다.

⊙ 슈퍼비전

야마나카 야스히로(山中康裕, 일본 교토대 교육학부 연구과 교수, 국제모래놀이치료학회 상임이사, 일본 모래놀이치료학회 이사장, 일본 놀이치료학회장)

학대의 문제가 늘어나고 있다는 것에 놀라웠습니다. 일본에서도 최근 10년 동안 늘어나고 있습니다. 35년 전 처음 정신과 의사가 되었을 때는 매우 적었습니다. 그러나 당시 미국에서는 굉장히 큰 문제가 되고 있었습니다. 물론 단순하게 문화의 문제라고 이야기할 수는 없습니다. 여러 가지 요소가 뒤섞여 있습니다. 일본과 한국 간의 가족, 부모의 존재 방식이 다르지만 많은 부모들이 아이의 부모이고 아이의 부모처럼 행동하지만, 사실 어른이 되지 못하는 부모가 늘어나고 있다는 것을 입증합니다. 이 사례의 부모도 그렇지 않았나 생각해 봅니다. 즉, 자기 문제를 부모가 해결하지 못했기 때문에 아이를 희생시킨 것입니다.

이 사례의 아동은 2년 동안이나 노숙 생활을 하고 그전부터 아버지뿐만 아니라 고모부로부터 지속적으로 학대를 받아 왔습니다. 어느 누가 이 내담자가 정상적으로 성장하리라고 생각할 수 있겠습니까? 이 사례를 보면서 가장 크게 감탄한 것은 처음 모래놀이치료실에 들어 와서 처음 발견한 똥을 굉장히 중요하고 소중하게 다루었다는 것입니다. 아이들의 놀이에서 똥이라는 것은 굉장히 중요한 테마입니다.

이것을 가장 먼저 지적한 사람은 프로이트입니다. 독일어로 똥을 '코오트' 라고 하는데 프로이트는 똥을 '겔트' 라고 했습니다. 겔트는 돈입니다. 즉, 황금이란 뜻입니다. 똥과 금은 색깔이 비슷하다고 설명합니다. 또 똥과 돈은 더럽고 냄새나는 것이지만 둘 다 소중하게 여기면 황금이 됩니다.

실은 이 아동도 그랬습니다. 자신의 마음속에 정리되지 않는 짜증과 화 그리고 슬픔, 그러한 모든 것을 똥으로 표현했습니다. 처음에는 그것을 선반 위에 올려놓았습니다. 그러나 그것이 점점 모래상자 속으로 들어왔습니다. 치료자는 똥에 관한 모든 것을 내담자와 함께 나누었습니다. 모래상자가 전개되는 상황에서 여러 가지 이야기가 나왔습니다. 굉장히 독특했던 것은 종교적인 테마가 나왔다는 것입니다. 성모 마리아상이라든지, 부처상, 물론 치료자가 수도자인 것이 관계 있을지 모르지만 제가 다뤘던 사례를 보면 저는 기독교와 전혀 관계가 없는 사람인데 어린양의 작품이 있었습니다. 종교적인 테마라는 것은 두 가지의 의미에서 굉장히 중요하다고 생각합니다. 하나는 종교적인 테마인데 굉장히 깊은 층에 있어서 그것이 언어적으로 표현할 수 없는 영역이라는 것입니다. 또 한 가지는 구제(구원)입니다. 이 내담자의 경우 구제(구원)라고 생각합니다. 물론 전자도 포함되겠지만 마리아상이라든가, 부처상까지 놓고 싶어 하는 것은 그만큼 자신을 지켜 주는 지킴이 역할을 하는 것입니다.

오카다 야스노부

내담자에게 똥은 자기 자신을 나타낸다고 볼 수 있습니다. 그동안 살아온 과정에서 성 학대를 받고, 신체 학대와 방임 등으로 자신이 똥처럼 더럽고, 보기 싫고, 비참한 모습을 나타낸다고 볼 수 있습니다. 이러한 '똥' 이 모래상자를 통해서 어떻게 변화되어 갈지 궁금합니다.

모래상자놀이 제2차(2001. 5. 6)-〈사진 88〉

⊙ 주제: 독수리의 싸움
■ 처음 선택한 소품: 독수리

⊙ 모래놀이 과정
아동은 계속 손으로 모래를 가지고 논다. 한참 동안 손으로 모래를 이쪽저쪽으로 굴리고 두 마리의 독수리를 싸움시키면서 격렬하게 서로를 공격한다. 그런 후 상자 좌측에 배치한다.

◉ 치료자의 느낌

아동은 아빠를 검은 독수리로 표현하고, 엄마를 녹색 앵무새라고 했다. 자신은 새끼 박쥐로 투사하고 있음을 직감적으로 감지했다. 내담자는 1차 모래놀이에서 자신을 '똥'으로 표현했고, 2차에서는 '새끼 박쥐'로 표현했다. 박쥐는 어두운 곳에서 사는 생물이다. 인간 사회에서도 환영받지 못하고 무언가 캄캄한 세계에 갇혀 있는 다른 아이들과는 다른 자신의 모습을 드러냄을 느꼈다.

◉ 행동 관찰

아동의 오빠가 반 이동을 해 오자 옆자리에 앉겠다고 고집을 부린다. 첫날이라서 허용을 하고 다음 날부터는 안 된다고 하자 수긍한다. 힘이 약한 오빠가 다른 아동에게 괴롭힘을 당하자 물끄러미 쳐

| 사진 88 | 독수리의 싸움

다만 보고 있다. 진부 수련장으로 캠프를 갔다. 모든 프로그램에 적
극적이다. 행동과 말투가 많이 부드러워지고 질문을 많이 한다. "꽃
도 부러지면 아프지요?" "하느님은 어디에 계셔요?" "코피는 왜 나
요?" 코피가 나는 것은 편식을 해서 그렇다고 하니까 반찬을 잘 먹
는 모습을 보인다.

⊙ 치료자 개입

치료자: 검은 독수리와 녹색 독수리의 싸움이네?

아 동: 녹색 독수리가 아니라 앵무새예요.

치료자: 앵무새라고? 그럼 앵무새 위에 업혀 있는 것은 새끼 독수
        리야?

아 동: 아니요. 새끼 박쥐예요.

모래상자놀이 제3차(2001. 5. 27)-⟨사진 89⟩

⊙ 주제: 결혼

▪ 처음 선택한 소품: 신혼 부부상

⊙ 모래놀이 과정

모래상자 위에 두 쌍의 남녀를 배치한다. 양복을 입은 신랑과 드
레스를 입은 신부 그리고 전통 혼례복을 입은 신랑과 색시를 배치하
고, 모래상자 우측 하단에는 전체 가족을 배치한다.

⊙ 행동 관찰

아동은 물건에 대한 집착이 없다. 파랑새 반의 동생이 자신의 장
난감을 가지고 놀 수 있도록 빌려 주고, 망가뜨린 경우에도 할 수 없
다는 듯이 웃어넘긴다. 여전히 다른 그룹 지도 시간에 교사를 따라

| 사진 89 | 결혼

다니면서 방해를 하지만 학습 태도는 많이 나아졌다. 공원 나들이를 좋아하고 약간 위험해 보이는 놀이를 시도는 해 보지만 끝까지 고집하지 않고 위험하다 싶으면 바로 그만둔다. 개별 학습을 시작하였다. 처음에는 힘들어하지만 시간이 마칠 때까지 열심히 하는 모습이다.

◉ 치료자 느낌

아동은 생각하고 표현하는 데 있어 때로 7세 아동 같지가 않다. 상당히 어른스러운 단어를 많이 사용한다. 이번 회기에서도 '결혼'이라는 주제가 구체적이다. 결혼을 한 후 가족을 배치하는 장면에서 아동은 삶의 많은 부분을 미리 알고 있다는 느낌이 든다.

모래상자놀이 제4차(2001. 6. 4)-〈사진 90〉

◉ 주제: 미녀와 야수

■ 처음 선택한 장난감: 미녀

◉ 모래놀이 과정

아동과 치료자가 미녀와 야수를 함께 본 적이 있다. 아동은 미녀와 야수에 대한 이야기를 다시 치료자에게 이야기해 주면서 미녀와 야수를 배치한다.

"야수도 사랑을 하면 왕자가 되지요."

◉ 행동 관찰

치료자가 외출을 하고 돌아왔을 때 아동이 아파서 의무실에 누워 있다는 소식을 들었다. 오후 3시경이었는데 점심을 안 먹은 채 의무실에 힘없이 누워 있었다. "많이 아파?" 치료자를 보자 많이 아프다

| 사진 90 | 미녀와 야수

고 고개를 끄덕인다. "무슨 일이 있었어?" 치료자의 물음에 아동이 반쯤 일어나 앉아서 이야기한다. "있잖아요. 숙실 선생님 방에 들어 갔는데요. 김○○ 오빠가요. 김가은 하고 김○○이 결혼한다고 종 이에다가 썼어요. 내가요. 싫다고 하니까요. 김○○ 오빠가요. 내 잠지를 손으로 탁 치고 도망갔어요. 근데요. 그때부터요. 온몸에 힘 이 쫙 빠졌어요. 걸을 수가 없었고요. 밥도 먹을 수가 없었어요." 아 동은 반바지를 입고 있었다. 치료자가 바지 속이냐고 묻자 바지를 입고 있을 때 잠지 부분을 때리고 도망갔다는 것이다. 치료자는 처 음으로 성 학대에 대한 질문을 했다. "가은아, 누가 네 잠지를 만진 적 있어?" "네, 아빠요." "얼만큼?" "매일 만졌어요." "오늘 김○○ 오빠가 네 잠지를 때리고 갔을 때 누구 생각이 났어?" "아빠." "그래 서 더 온몸에 힘이 빠졌나 보다." 아동을 안고 나왔다. 무엇이 먹고 싶냐고 물었더니 김밥이 먹고 싶다고 하여 아동을 업고 상담소 밖으 로 나와 김밥을 사 먹였다. 한참을 이야기한 후 나왔더니 밖에는 비 가 왔고, 치료자가 다시 아동을 업고 우산을 받쳐 들고 걷자, 무겁지 않느냐고 한다. 조금 무겁다고 하니까, 이제는 걸을 수 있다고 하면 서 내린다. 아동은 기분이 다시 호전되었다.

◉ 슈퍼비전
야마나카 야스히로

미녀와 야수의 이야기에서는 남성이 야수의 모습을 가지고 있습 니다. 현실적인 것을 생각해 보면 아동의 아버지, 고모부는 야수, 그 자체였습니다. 그러나 아동은 여기서 굉장한 발언을 했습니다. "야 수도 사랑을 하면, 왕자가 되지요." 남자가 치료되면 그리고 허용되 면, 안정이 된다는 발언을 한 것입니다. 물론 이 사례와 지금 본 내용만으로 전부 이야기할 수는 없겠지만 아마 이 아버지는 부부 관계에서 그런 치유받는 체험을 하지 못했을 것입니다. 어머니가 두 번이나 가출한 것은 아버지의 심한 폭력 때문인 것 같습니다. 그러한 현실 사태가 일어났던 부부 관계의 치유적인 면을 구할 수 없었기 때문에 그러한 현실이 일어난 것으로 추측됩니다.

모래상자놀이 제5차(2001. 6. 3)-〈사진 91〉

⊙ 주제: 모래시계
  ■ 처음 선택한 장난감: 인어 공주

⊙ 모래놀이 과정
  맨 처음 젖은 모래 위에 인어 공주와 마녀를 놓았다가 치운다. 장난감 집을 모래상자 위에 올리고 싶어 한다. 집 안의 주인공을 변기 위에 앉히고 오줌과 똥을 누인다. 가구를 재배치한 후 장난감 집을

| 사진 91 | 모래시계

펼치니 예쁜 집이 나왔다. 모래시계를 신기해하더니 노란 모래시계와 빨간 모래시계 중 노란 모래시계가 좋다면서 어느 모래시계의 모래가 빨리 내려오는지 게임을 한다. 자신이 좋아하는 노란 모래시계가 이기니 좋아한다. 집 안의 아기를 어디에 두어야 할지 곤란해한다. 결국 이 집에서 아기를 버렸다고 하면서 밖에다 놓는다.

◉ 행동 관찰

다른 아동들이 벌을 받는 것을 보고, 왜 벌을 받는지에 대한 판단을 스스로 하여 교사에게 확인하는데, 대부분이 이유를 정확하게 표현한다.

◉ 치료자 느낌

아동은 점차 변화되어 가는 모습을 모래상자 속에서 보여 주고 있다. 처음에 '똥'에서 '새끼 박쥐' 였다. 이번에는 '버려진 아기'의 모습이다.

모래상자놀이 제6차(2001. 6. 17)-〈사진 92〉

◉ 주제: 알라딘-동화 속의 한 장면

■ 처음 선택한 소품: 큰 배

◉ 모래놀이 과정

큰 배를 놓고, 두 번째, 세 번째 배를 놓았다. 배 뒤편에 호랑이 두 마리와 백곰 세 마리를 놓았다. 아기를 놓으며 자신의 목걸이(성모자상, 聖母子像)의 아기와 같은 아기라고 한다. 자동차 여러 대를 툭 툭 놓는다. 알라딘을 치우고, 그 자리에 선글라스와 텔레토비를 놓고 성모상, 십자가상을 놓는다. 그런 후 집과 작은 동물들을 배치한다.

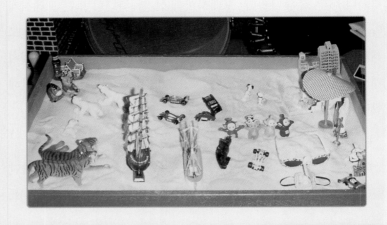

| 사진 92 | 알라딘-동화 속의 한 장면

⊙ 행동 관찰

아동은 악몽에 시달린다. 꿈에 마귀가 쫓아온다고 한다. 그럴 때마다 새벽에 깬다. 치료자의 방문을 두드린다. 치료자는 아동의 마음을 안정시키기 위하여 손을 잡고 기도해 주며 잠을 재운다.

⊙ 치료자 느낌

'아기 예수님'이 있는 목걸이를 선물로 주었다. 목에 걸고 다닌다. 아동은 이제 모래놀이할 때 아기에 대한 생각이 바뀌었다. 버려진 아기가 아기 예수님으로 바뀌었다.

모래상자놀이 제7차(2001. 6. 24)-〈사진 93, 94〉

〈1부〉

◉ 주제: 동물의 왕국

■ 처음 선택한 소품: 백곰

◉ 모래놀이 과정

　백곰 두 마리를 놓은 다음 코끼리 두 마리를 놓고 그 앞에 새끼 코끼리 두 마리를 놓는다. 그리고 그 뒤에도 작은 새끼 코끼리 두 마리를 놓았다. 백곰과 싸움한다는 호랑이 두 마리를 놓고 코끼리 뒤에 늑대 두 마리가 코끼리를 쫓아간다. 아마 잡아먹을 것이다. 싸우는 백곰과 호랑이를 피해 젖소 가족이 도망가고 있다. 호수에는 호랑이, 백곰, 새끼 코끼리가 사이좋게 논다.

　맨 나중에 똥을 찾더니 찾지 못하고, 성모상과 십자가상을 잊었다

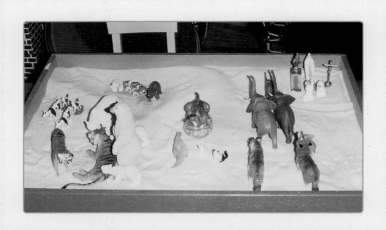

| 사진 93 | 동물의 왕국

는 듯이 놓았다.

〈2부〉

◉ 주제: 나쁜 놈, 왕 개구리
▪ 처음 선택한 소품: 노란 오토바이

◉ 모래놀이 과정

공사장에 트럭이 작업 중이다. 나쁜 놈이 노란 오토바이를 타고 도망가고 경찰이 뒤쫓는다. 그러던 중 노란 오토바이가 선글라스에 갇히고 경찰과 대치 현상이 되자 나쁜 놈과 노란 오토바이는 왕 개구리가 되었다. 호수에서 놀고 있던 작은 개구리와 새끼 돼지 두 마리는 왕 개구리를 보자 호수에 숨었다. 마차 속에는 공주가 타고 있다. 왕 개구리는 호수에 똥을 누었다.

모래놀이를 다 한 후 선반에서 '똥'을 찾는다. 똥을 찾다가 성모

| 사진 94 | 나쁜 놈, 왕 개구리

상을 발견하고 1부의 모래상자에 배치하였고, 똥을 찾은 후 똥을 들고 치료자에게 장난을 치더니 왕 개구리 똥이라고 하면서 호수 속에 놓은 다음 기분이 매우 좋다. 트램펄린 위에서 뛰면서 자신의 모래상자를 보고 춤을 춘다.

◉ 치료자 느낌

아동은 모래상자를 해 나가는 내내 진지하게 모래상자를 한다. 대단한 드라마가 펼쳐지는 장면이다. 왕 개구리를 배치하면서 '나쁜 놈, 왕 개구리'라고 악센트를 주면서 강조할 때, 치료자의 마음도 '나쁜 놈'하고 말하고 싶었다. 정말 왕 개구리는 '나쁜 놈'이다. 마지막으로 아동은 왕 개구리의 '똥'이라고 하면서 호수에 놓고 트램펄린 위에서 뛰면서 춤을 추는 모습은 완벽한 배설을 한 후 아동의 기분이 통쾌하고 시원한 기분이라고 느껴졌다.

◉ 슈퍼비전

야마나카 야스히로

'나쁜 놈, 왕 개구리'를 보면서 개구리 왕자 이야기가 생각납니다.

공놀이를 좋아하는 막내 공주는 금색 공을 가지고 놀다가 실수로 연못에 빠뜨립니다. 그때 공주는 주위 사람들에게 큰 소리로 자기 공을 찾아 달라고 했습니다. 그러나 아무도 공을 찾지 못했습니다. 그러자 임금님은 이 공을 찾는 사람은 공주와 결혼을 시키겠다고 했습니다. 마법에 걸려 개구리가 되어 있던 개구리 왕자는 그 소리를 듣고 공을 찾아 주었으나 공을 받은 공주는 태도가 돌변하였고, 개구리의 은혜를 저버립니다. 며칠 후 개구리가 다가와서는 좋은 목소리로 개굴개굴 하면서 말합니다. "나는 공주님과 같이 식사를 하고 싶고, 그다음에 같은 침대에서 자고 싶어요."라고 했습니다. 공주는 싫다고 했지만 임금님이 약속을 지켜야 한다고 이야기했고, 공주는 억지로 징그러운 개구리와 함께 식사를 하고, 침대에서 잠도 같이 잤습니다. 그렇지만 그동안 개구리가 무섭고 징그러웠던 공주는 "더 이상 싫다."고 고함을 지르며, 있는 힘을 다해 개구리를 벽에 집어던집니다. 그러자 개구리는 마법이 풀려 왕자님으로 변했습니다.

여기에서 성의 문제가 연결됩니다. 이 이야기와 아동의 현실은 정반대입니다. 아동의 아버지는 자기 딸의 성기에 손을 댑니다. 여기까지 이야기지만 이 사례에는 여러 가지 이야기가 섞여 있습니다. 아동은 이루 말할 수 없는 상처를 받았습니다. 딸에 대한 아버지의 힘 행사가 한계 끝까지였습니다. 그러나 또 다른 한편에서 아동의 마음을 치유해 나갑니다. 물론 작은 것 하나하나 전부를 치유할 필요는 없습니다. 만약 여기에 나온 소품 하나하나의 상징적인 의미를 음미해 나간다면, 아동이 지금까지 당해 왔던 무시무시한 세계를 이해할 수 있을 것입니다. 그러나 소품 하나하나를 본다는 것은 모래상자에 대한 연구입니다. 중요한 것은 치료자 앞에서 내담자가 해 나가는 것을 최대한 지켜보는 것이 가장 중요합니다. 이러한 태도로 내담자에게 접근하면 이 아동처럼 점점 더 깊은 자기 내면을 표현할 수 있습니다.

모래상자놀이 제8차(2001. 6. 24)-〈사진 95〉

⊙ 주제: 이상한 나라의 앨리스

■ 처음 선택한 소품: 백설 공주와 왕자

(놀이실에 올라오다가 사무실에 있는 똥 장난감으로 장난을 한다. 놀이실에 진짜 똥이 있다고 한다. 놀이실에 들어와서 자신이 말한 진짜 똥을 만지작거리다가 치료자에게 던진다. 다시 아동에게 주자 똥을 매만지며 선반 위에 가지런히 놓는다.)

⊙ 모래놀이 과정

백설 공주와 왕자를 놓고 난쟁이를 일렬로 세운다. 버섯 집을 놓고, 난쟁이의 집이라고 한다. 평화의 여신상을 "하느님이에요?"라고 물으면서 놓는다. 강아지들을 놓으면서 "엄마 강아지, 아빠 강아지, 오빠 강아지, 동생 강아지……." 하면서 놓는다. 마차를 놓고 '앨리스'를 마차 위에 놓는다. 호수를 판 후 눈먼 강아지를 놓고 인

| 사진 95 | 이상한 나라의 앨리스

어 공주와 마녀를 놓은 후 마녀 앞에서 벌 받는 천사를 놓는다. 게와 붕어가 강아지를 물자 인어 공주가 말린다고 한다. 아기를 놓으면서 자기 목걸이의 아기 예수와 같다고 한다. 사자를 꺼내어 어떤 것이 세냐고 묻는다. 그것은 아빠 사자와 라이언 킹이라고 하자 "남자가 머리가 길다."고 한다.

⊙ 치료자 느낌

아동이 치료자에게 '똥'을 던졌다. '똥'은 누구에게나 더럽고, 남의 '똥'을 피하는데 아동은 그것을 치료자에게 던졌다. 마치 그동안 어둡고 더럽고, 보기 싫은 자기 자신을 치료자에게 던진 것 같다. 치료자는 그 똥을 잘 받고, 다시 아동에게 건네주었다. 아동은 그때서야 '똥'을 매만지며 선반 위에 가지런히 놓았다. 아동은 치료자에게 자신의 가장 더러운 부분, 보이고 싶지 않은 부분까지 보여 주었다. 아동은 치료자를 온전히 신뢰한 것이다. 마녀 앞에서 벌 받는 작은 천사가 마음에 걸린다. '똥' 부분이 전체적인 자신의 상징이라면 마녀 앞의 벌 받는 천사는 아직 부분적으로 해결되지 않은 과제들이 남아 있음을 시사한다고 생각된다.

⊙ 슈퍼비전

야마나카 야스히로

아동은 여러 가지 테마 속에 어떤 부분들은 잘 이해하고 어떤 부분에 있어서는 막연하게 이해만 하고 모래상자를 하였다고 봅니다. 그것은 이상한 나라의 앨리스에서 명백하게 나타나는데, 판타지 세계에 들어가면 몸이 작아진다거나 커진다는 것이 자연스럽게 일어나고 있습니다. 그러한 세계에서 볼 때 하느님의 이야기가 드러나는 등 내담자의 판타지 세계에서 여러 가지 일이 일어나고 있음을 알 수 있습니다.

모래상자놀이 제9차(2001. 7. 6)-〈사진 96〉

⊙ 주제: 하늘

■ 처음 선택한 장난감: 똥, 아기

(놀이실에서 똥을 보자 아무렇지 않게 만지면서 치료자에게 보여 준다. 매우 안정된 느낌이다. 다시 똥을 선반 위 제자리에 둔다. 탐색을 많이 했다. "오늘은 하늘이에요.")

⊙ 모래놀이 과정

아기를 찾는다. 장난감 중에 아기를 찾은 후 만졌다가 웃는다. 구유의 아기 예수님을 찾아낸다. 아기를 수정 위에 놓으면서 "아기 예수님."이라고 말한다. 십자가상, 성모상을 놓고 "부처님도 믿어도

| 사진 96 | 하늘

되지요?' "사람은 믿으면 안 되지요?" 부처님은 모래상자 상단에 놓는다. '헤라클레스' '하느님' '요정' '유니콘' '알라딘' 도 놓는다. 꽃을 놓고 수정으로 에워싼다. '아기 예수님'과 '인어 공주'도 수정으로 에워싼 후, 뿔 달린 괴물은 수정 안으로 들어갈 수 없다고 한다. 지옥 불에 관심이 많다. 기차를 놓는다. 딸기를 놓은 후 만족해하면서 끝낸다.

◉ 치료자의 느낌

'똥' – '새끼 박쥐' – '버려진 아기'는 아기 예수님이 되는 변화의 과정을 느낄 수가 있다. 자신을 표현하는 '똥'을 전에는 더럽다고 안 보이게 하라고 소리 질렀는데, 이제는 자연스럽게 만진다. 그동안 만신창이였던 자기 자신을 보듬으면서 받아들인다는 느낌이 온다. 마녀의 등장 이후 '지옥 불'도 간혹 아동의 모래상자에 배치된다. '지옥 불'도 아직 아동이 해결해 나가야 할 과제일 것이라 생각된다.

◉ 슈퍼비전

야마나카 야스히로

치료자는 부처상을 놓는 것을 전혀 개의치 않고 지켜보았습니다. 아동은 비록 일곱 살이지만 상황을 알고 있었을 것입니다. 수녀님은 부처상을 놓으면 어떤 표정을 지을까? 그런 치료자의 모습을 보고 싶어 했을 것입니다. 그것은 주위의 어른들을 시험해 보는 의미도 포함됩니다. 추측하건대 아동은 지금까지 거의 구속당하든지 학대를 당해 왔습니다. 그런데 치료자는 그것까지도 허용하였습니다.

모래상자놀이 제10차(2001. 7. 14)-〈사진 97〉

◉ 주제: 기도하는 날

▪ 처음 선택한 소품: 소녀

◉ 모래놀이 과정

상자 구석에 처음 3명의 소녀를 놓았다. 그런 다음 중앙에 십자가 상, 성모상을 놓으면서 "오늘은 기도하는 날."이라고 한다. 중앙을 바라보도록 하고 장난감 하나하나의 이름을 부르면서 배치한다. "헤라클레스." "헤라클레스 아빠." …… 눈사람은 십자가상과 성모 상 앞에 놓는다. 장난감들은 차례대로 기도하는 방향으로 놓는다.

◉ 치료자 느낌

아동은 모래상자를 하는 중에 종교적인 표현을 많이 한다. '아기 예수님' '부처님도 믿어도 되지요?' '기도하는 날' 반면에 '헤라클

| 사진 97 | 기도하는 날

레스' '유니콘' 등 양가감정적인 측면도 많이 보인다. 부정적인 시각으로 본다면 치료자가 '수도자' 라는 면에서 종교적인 부분을 부각시킬 수도 있고, 긍정적인 측면으로 본다면 모래상자 특유의 존재론적인 질문과 질문에 대한 응답으로 종교적인 표현일 수도 있다고 사료된다. 이 회기에서 궁금한 점은 십자가상, 성모상과 같은 위치에 '눈사람'을 배치한 것이다. 이 '눈사람'은 내담자에게 어떤 의미일까?

◉ 슈퍼비전

야마나카 야스히로

헤라클레스가 등장했다. 괴력을 가진 사람이다. 아동의 입장에서 보면, 아마도 지금까지는 그냥 힘으로만 횡포 부리는 그러한 헤라클레스만이 있었을 것이다.

모래상자놀이 제11차(2001. 7. 21)-〈사진 98, 99〉

〈1부〉

◉ 주제: 이혼

▪ 처음 선택한 소품: 헬리콥터

◉ 모래놀이 과정

신랑 신부가 이혼했다. 이유는 신랑에게 다른 여자가 있다. 그 여자는 '눈사람' 속에 있다. 물이 밑에 있다. 그 위를 나는 것은 비행기다.

| 사진 98 | 이혼

⊙ 치료자 느낌

이번 11차 상담에서 '눈사람'의 정체가 분명해졌다. 엄마였다. 눈사람은 날씨가 추워야 형체를 유지할 수 있다. 날씨가 풀리면 눈사람의 형체는 사라진다. 떠나간 엄마와 눈사람이 인상적이다.

〈2부〉

⊙ 주제: 똥 싸는 트럭

⊙ 모래놀이 과정

트럭에 모래를 담았다가 내려놓았다를 반복하면서 논다. "똥 싸는 것이다."

⊙ 치료자 느낌

"똥 싸는 것이다." '똥'이 모래상자 안으로 들어왔다. 아동은 모래상자를 통해서 자신의 내면에 더러운 부분을 배설해 왔다. 이번

| 사진 99 | 똥 싸는 트럭

회기에서도 배설은 계속되고 있다. 아동의 마음이 후련해진다는 느낌이 전해 온다.

⊙ 슈퍼비전

야마나카 야스히로

아동의 모래상자 속에서는 여러 부부가 등장했습니다. 그 속에는 이혼한 부부까지 등장했습니다. 일곱 살 여자 아이는 전부를 보고 있는 것입니다. 물론 제대로 이해했다고는 볼 수 없습니다. 이러한 상황에서 자신은 성 학대를 받은 것입니다. 이러한 것을 표현하는 데 있어서 모래상자는 굉장히 좋은 표현 수단이 되는 것입니다. 물론 모든 문제가 모래상자로 해결된다는 것은 아니지만 말입니다.

모래상자놀이 제12차(2001. 8. 1)-〈사진 100〉

⊙ 주제: 하늘을 나는 비행기

■ 처음 선택한 장난감: 비행기

⊙ 모래놀이 과정

비행기들이 논다. 총 쏘면서 논다. 서로 피해 다닌다. 한 사람은 떨어졌다. 산토끼는 노래를 부른다.

⊙ 치료자 느낌

아동의 내면에 배설이 끝났고, 투쟁이 시작되었다는 생각이 든다. 지금까지 전개되었던 '똥' '동물의 왕국' '동화 이야기'와는 다른 차원이다. 투쟁하고자 하는 내면의 힘이 생겼다고 본다. 보통 모래 상자는 혼돈의 세계가 펼쳐지다가 투쟁의 세계 차원으로 바뀌는데, 이 장면에서 '비행기들이 논다.' '총 쏘면서 논다.'고 하는 모래상 자는 투쟁의 세계가 혼란하고 엉켜 있는 가운데 전개된다고 본다.

| 사진 100 | 하늘을 나는 비행기

⊙ 슈퍼비전

야마나카 야스히로

그동안의 모래상자 표현과는 완전히 다른 차원으로 접어들었습니다. 이것은 마치 과거에 학대로 시달렸으나 그 과거를 새롭게 정립해 갈 수 있는 전환 현상이 일어났다고 하겠습니다.

모래상자놀이 제13차(2001. 8. 19)−〈사진 101, 102〉

〈1부〉

⊙ **주제**: 지구를 정복하라

▣ 처음 선택한 소품: 돌

⊙ **모래놀이 과정**

아동은 놀이실에 가서 치료자와 게임을 하였다. 새로운 것이 들어

| 사진 101 | 지구를 정복하라

왔나 탐색하더니 아기 목욕에 사용하는 타월을 발견하였고, 치료자
와 시소를 타다가 모래상자 선반으로 갔다. 군인을 보자 "지구를 정
복하라."라고 하면서 모래상자를 꾸민다. 맨 처음 돌을 집어서 놓고
돌무더기를 놓은 다음 나무를 배치한다. 울타리를 치고 깃발을 세
운 후 군인들을 배치한다. 군인 하나하나의 생긴 모양을 본 후 흰색
과 국방색 군인을 일대일로 대결시킨다. 또 앞, 뒤, 옆으로 친구의
죽음을 막으려고 군인을 배치한다. 때로 죽은 군인도 있으나 엎드
려 총을 쏘면서 전쟁을 하는 군인을 그대로 묘사하고자 한다. 무전
을 치는 군인에게 관심이 많다. 아동은 모래상자를 마친 후 매우 흡
족해한다. 아동은 소품을 고를 때 계속적으로 치료자에게 이 군인
이 어떤 자세인지를 묻고 배치한다.

◉ 치료자 느낌

12차에서의 투쟁이 연속선상에 있다고 볼 수 있다. 하늘에서의
투쟁이 땅으로 내려와 직접 맞대면하는 전쟁으로 바뀌었다. 격렬한
전쟁이고 인명 피해가 많이 일어났다. 12차에서는 혼란한 투쟁이었
다. 이번 회기에는 일대일 싸움으로 육박전의 싸움이다. 아동의 내
면에 힘이 생겼다고 볼 수 있다.

〈2부〉

◉ 주제: 소꿉놀이

◉ 모래놀이 과정

아동은 치료자에게 소꿉놀이를 제안했다. 아동은 작은 아이 인형
을 들었다. 치료자가 "나는 누구를 집나?"라고 하자 아동은 '엄마'

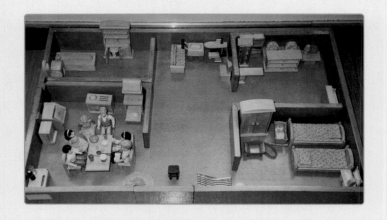

| 사진 102 | 소꿉놀이

라고 한다. 아동은 치료자에게 엄마 인형을 골라 주었다.

(아동은 밖에서 놀고 있다. 옷에 흙이 많이 묻어 있다. 뒹굴면서 놀
았다.)

엄마: (약간 화가 난 목소리로) 얘는 왜 이렇게 안 들어오나?

아동: (혼잣말로) 옷에 흙이 많이 묻었네.

　　　딩동!

엄마: 누구세요?

아동: 저예요.

엄마: 도대체 지금이 몇 시니? 맙소사, 이 옷 좀 봐라. 넌 혼나야
　　　돼. 빨리 목욕해라. (아동은 목욕을 한다.) 오빠는 왜 안 온
　　　다니?

아동: 학교에서 공부하고 있어요. (이때 오빠가 온다.)

　　　딩동!

엄마: 어서 와라. 공부하느라고 많이 힘이 들었겠구나. 씻고 오렴. (밥을 지으면서) 어떻게 하나, 우리끼리 밥을 먹나? 얘, 너네 아빠는 오늘도 또 늦게 오나 보다. 우리끼리 먹을까?

아동: 전화 해 보세요.

엄마: 네가 해라.

아동: (아빠에게 전화를 걸며) 여보세요, 아빠세요? 빨리 오세요.

아빠: 오, 그래. 빨리 갈게.

엄마: 이제 밥 먹자.

아동: 할머니도 오셨으면 좋겠다.

엄마: 네가 전화하렴.

할머니: 여보세요. 오, 가은이니?

아동: 할머니, 우리 집에 오셔서 같이 저녁 드셔요. 삼겹살이에요.

할머니: 아니다, 너희들끼리 먹으렴.

아동: 아이, 빨리 오셔요. 할아버지도 함께 오셔요.

할머니: 그래, 알겠다. 금방 가마.

　　　딩동!

할머니: 오. 우리 가은이 잘 있었니? (뛰어나오는 가은이를 할머니가 안아 준다.)

아동: 할아버지!

할아버지: 그래, 우리 가은이 잘 있었어? (할아버지가 안아 주면서 뽀뽀를 해 주신다.)

(오빠도 할머니, 할아버지께 인사를 하고 온 가족이 식사를 하려고 하는데, 의자가 모자라자 아동은 거실의 쇼파를 가지고 온다. 밖에서 '딩동',

누굴까? 오빠 친구가 왔다.)

오빠: 우리 식구가 모두 식사를 하는데 조금만 기다려 줄래?

⊙ 치료자 느낌

아동은 지금까지 두 개의 모래상자를 꾸밀 때 내용이 전혀 다른 모래상자를 만들었다. 이러한 면이 매우 궁금하다. 아동은 지금까지 '아빠'를 수용하지 못했었는데, 소꿉놀이에서 치료자는 내담자가 아빠를 어느 정도 수용할까 하는 의도로 아빠를 등장시켰다. 그런데 아동은 아빠를 자연스럽게 가족에 합류시켰다.

모래상자놀이 제14차(2001. 8. 27)-〈사진 103, 104〉

〈1부〉

⊙ 주제: 신데렐라

■ 처음 선택한 소품: 대왕 여왕 마마

⊙ 모래놀이 과정

대왕 여왕 마마를 모래상자 가운데 배치한다. 왕자와 신데렐라가 길에서 만난다고 하면서 배치한다. 신데렐라 엄마가 마당에서 불을 때면서 "얘는 또 어디 간 거야?"라고 말한다. 궁전을 배치하고 그 안에 무녀가 춤을 추고 있는데 신데렐라도 궁전에 있다. 발자국을 두 손가락으로 계속 표현한다. 섬세하면서도 작은 집을 찾았고, 집 안에 있는 작은 소품에 관심이 있다. 화장실 변기 위에 앉힌다. "똥 누는 거야, 오줌도 누는 거예요."

| 사진 103 | 신데렐라

⊙ 치료자 느낌

대왕 여왕 마마가 인상적이다. 왕자와 신데렐라 인형은 크기도 비슷하다. 왠지 대왕 마마 앞에 서 있는 신데렐라가 더없이 작아 보인다. 신데렐라는 왕자를 만나고 싶어 하는데 대왕 여왕 마마가 이 두 사람의 만남을 방해할 것 같다. 마치 신데렐라가 대왕 여왕 마마에게 꾸중을 듣고 있는 장면 같다. 아동은 이 이야기와는 다르게 집 안의 소품에 관심이 많다. 이번 회기는 지난 12, 13차에서 투쟁의 연속과는 다른 장면을 연출했다. 다시 배설 놀이가 계속된다. 내담자의 마음속에는 배설에 대한 부분이 아직도 진행 중인가 보다.

〈2부〉

◉ 주제: 동물의 왕국

◉ 모래놀이 과정

아동은 모래를 끌어올려 동산처럼 만든 후 엄마 늑대, 아빠 늑대, 새끼 늑대를 배치하였다. 상자 좌측에는 백곰 가족을 배치한 후 공룡을 한쪽 방향으로 배치하였고, 밑에는 사슴을 배치하였다.

◉ 치료자 느낌

아동은 판타지 세계가 동물의 세계로 깊어 가고 있다. 가끔 동물은 아동 마음의 여러 가지 상황을 드러낸다. 동물 가족 중의 늑대가족이 마음에 걸린다. 늑대 가족은 내담자의 가족을 연상시킨다.

| 사진 104 | 동물의 왕국

모래상자놀이 제15차(2001. 9. 11)−〈사진 105〉

◉ 주제: 마녀

◉ 모래놀이 과정

(다른 모래놀이실에서 상담 진행)

호랑이, 고릴라, 말, 기린, 코브라, 야자수를 배치하였고 새 둥지에 세 개의 새알을 배치하였다. 인물은 〈101마리 달마시안〉에 나오는 악당으로 흰 점박이 옷을 입고 있는데 앞에서 보면 상당히 가장하였다고나 할까 변장을 한 여인이다.

◉ 행동 관찰

학습장애아처럼 아동은 읽기를 하면 짜증을 낸다. 교사가 개별 학습을 통해 한글을 학습시키려고 시도하자 저항이 심하다. 학교 장면에서 아이들이 자신을 '왕따' 시킨다고 한다. 학교 가기를 싫어하

| 사진 105 | 마녀

고 교사와 '읽기' 때문에 실랑이를 벌인다. 아빠에 대한 부정적인
감정을 자주 표현한다. 아빠가 찾아왔다. 상담소 3층에서 내려오지
않는다. 아동은 지금까지도 아빠를 보려 하지 않는다.

⊙ 치료자 느낌

새 둥지에 세 개의 새알이 있다. 인상적이다. 좌우 얼굴이 다른 여
인은 혼란스러운 상태를 보여 준다. 이 여인을 보면서 마음이 서늘
해졌다.

모래상자놀이 제16차(2001. 9. 18)-〈사진 106〉

⊙ 주제: 마왕

　■ 처음 선택한 장난감: 사각 모형의 큰 집

⊙ 모래놀이 과정

사각 모형의 큰 집을 배치하고 밑으로는 둥근 원형의 집을 배치하

| 사진 106 | 마왕

였다. 상자의 우측 하단에는 한국의 전통 가옥인 한옥을 배치하였
다. 인물은 5명인데 근육질의 힘이 센 여자와 15차에 등장하였던
요상한 여인도 있다. 인상적인 것은 마왕 같은 사람이 힘 주고 앉아
있고, 그 앞에 아주 작고 여린 소녀가 무릎을 꿇고 있다.

⊙ 행동 관찰

아동은 밤마다 악몽에 시달린다. 잠을 이루지 못해서 치료자가 손
을 잡고 기도해 주면서 재워야 잠을 잔다.

⊙ 치료자 느낌

아동이 모래상자를 만들었을 때 마음이 찢어지도록 아팠다. 마왕
앞에 무릎 꿇고 있는 아이가 너무도 가엾다. 앞의 제8차 모래상자에
서 마녀 앞에 벌 받고 있던 작은 천사가 떠오른다. 또한 대왕 여왕
마마 앞에서 꾸중을 듣고 있는 신데렐라가 생각난다. 지금은 마왕
앞에서 무릎 꿇고 있는 작은 소녀다.

모래상자놀이 제17차(2002. 2. 20)−〈사진 107〉

⊙ 주제: 바닷속
▪ 처음 선택한 소품: 물고기

⊙ 모래놀이 과정

(약 5개월간의 공백이 있었다. 그런데 아동이 모래상자를 다시 하고 싶
다고 하여서 시작하게 되었다.)

모래놀이실에 들어오자마자 선반 위에 있는 똥을 보고, 치료자를
보면서 "똥." 하고 웃는다. 지옥 불을 찾는다. 그러더니 "인어 공주,

| 사진 107 | 바닷속

쪼그매요. 우리나라에도 인어 공주 있어요?"라고 묻는다. 엎질러진
물을 표현한 소품을 보면서 "진짜 같아요." "똥이 구석에 있었는데
왜 저기로 갔어요?" "우리나라에도 괴물 있어요?" "방귀 뀌고 싶
다." 치료자가 방귀 뀌라고 하니까, 아동은 연달아 방귀를 뀌었다
(뿡! 뿡! 붕-).

물고기를 배치한다. "바닷속." "사람은 왜 달라요?" "사람은 다
다르지."하니까, "이상한 사람도 많아요?" "바닷속에는 왜 좋은 것
들이 많아요?"

똥을 배치한다. 똥을 들어서 치료자에게 속을 보여 준다.

◉ 치료자 느낌

약 5개월 동안 모래상자를 하지 않다가 새로 시작한 아동의 모래
상자다. 신기하게도 1차 모래상자 때 하였던 두 개의 모래상자가 한
개의 상자로 통합해 놓은 분위기다. 다른 점이 있다면 '똥'에 대하

여 대단히 호의적이다. 실제적으로 신체화 증상이 나타나기도 한 모래상자다. 방귀를 뀌다가 '똥'을 모래상자 위에 등장시킨 것이다.

모래상자놀이 제18차(2002. 3. 1)−〈사진 108〉

⊙ 주제: 상담소

▪ 처음 선택한 소품: 울타리

⊙ 모래놀이 과정

울타리를 친다. 닭을 찾는다. 닭과 토끼를 한 울타리에 배치한다. "방귀 뀌었다. 냄새가 심하네. 내가 무엇을 잘못 먹었나?" 오리를 배치한다. 텐트를 배치하고 무섭지 않은 개를 찾더니 달마시안 세트를 배치한다. 오토바이를 배치한다. 상담소라고 말하면서 수녀원으로 성당을 배치하고 이 안에는 수녀님들이 계시다고 한다. 본관, 별관, 빵집, 보일러실. 마지막으로 개집이 비었다고 하며 개집에 개

| 사진 108 | 상담소

두 마리를 배치하고 맨 마지막으로 사람을 배치한다.

◉ 치료자 느낌

모래상자가 종결 부분에 닿았다는 느낌이 왔다. 현재 아동이 느끼는 의식적인 부분을 그대로 묘사했다. 판타지 세계도, 동화의 세계도 아닌 지금 아동이 살고 있는 상담소를 표현했다. 보통 상담소의 여러 아이들은 맨 처음 모래상자를 할 때 상담소를 곧잘 연출시키는데, 오히려 이 아동의 경우는 종결 부분에 연출시키는 것이 대조적이다.

모래상자놀이 제19차(2002. 3. 8)-〈사진 109〉

◉ 주제: 동물의 왕국

■ 처음 선택한 소품: 물고기

| 사진 109 | 동물의 왕국

⊙ 모래놀이 과정

모래를 파서 바다를 만든다. 물고기와 바다 생물을 배치한 후 조개비를 배치한다. 호랑이와 돼지를 배치한 후 돼지의 성기를 확인한후 '남자'라고 한다. 계속해서 성기를 확인한다. 돼지의 젖을 확인한 후 '여자'라고 한다. 큰 호랑이를 배치하고 힘세고 오래된 코끼리를 배치하면서 호랑이와 싸운다고 한다. 젖소의 젖을 확인한 후'엄마 젖소' 하면서 상자 상단에 배치한다. 젖소 가족을 배치한다.

⊙ 치료자 느낌

모래상자 전체를 보면 혼란스럽다. 그런데 소품을 모래상자에 배치할 때마다 동물의 성기를 확인한다. 그동안 학대로 인하여 억압되었던 부분들이 풀려 나온다는 느낌을 받았다. 보통 6세 아동들이 성기 부분에 관심이 많은데 아동은 지금부터 발달이 시작된다는 느낌을 받았다.

모래상자놀이 제20차(2002. 3. 15)-〈사진 110〉

⊙ 주제: 옛날의 시골 풍경
▪ 처음 선택한 소품: 나무

⊙ 모래놀이 과정

"나무가 있었으면…… 나무다." 꽃을 배치하면서 "산에 이런 꽃도 있어요?" "이런 꽃도 있어요?"(시든 꽃을 배치한다.) "우리나라에 이런 집 있어요? 초가집요?" '우물'을 집어 들면서 "이거 물 푸는 거지요?"하면서 "이런 것을 보고 싶다." "시골이니까 놓아야지." 장독대 아이들, 빨래하는 아주머니, "나는 이것으로 밥해 먹고 싶다."라

| 사진 110 | 옛날의 시골 풍경

고 하면서 '절구'를 집 앞에 배치한다. 물지게를 배치한다. "야, 오줌싸개다. 이것은 A 언니야." 물동이를 인 여인을 배치하면서 "물 떠서 가는 중!" 지게 진 소년을 배치하면서 "들어오는 중!" 동네 지킴이를 배치한다. 마차를 배치하면서 "이런 자동차가 되고 싶어요."라고 표현하였다.

◉ 치료자 느낌

지금까지 해 온 모래상자와 또 다른 측면의 모래상자다. 내담자는 고전적인 소품을 잘 사용하지 않았었다. 그런데 이번 회기에서는 전부 고전적인 소품을 배치하였다. 또 다른 깊은 내면의 세계로 들어갔다는 생각이 든다. 다시 말해서 아동의 세계 깊숙한 층으로 내려가고 있다는 생각이 들었다. 모래상자 안에서 'A 언니'는 평상시에 자신을 괴롭히는 언니다. 이 언니가 간혹 오줌을 싸지만 모래상자 안에 등장시킨 것은 평소의 적개심을 노골적으로 표출할 수 있는 모래상자이기에 가능하다.

모래상자놀이 제21차(2002. 3. 22)–〈사진 111〉

⊙ 주제: 피아노 치는 소녀
■ 처음 선택한 소품: 피아노

⊙ 모래놀이 과정

피아노를 배치한다. 피아노 뚜껑을 들면서 피아노 음률을 감상하다가 다시 닫는다. 피아노 앞에 의자를 배치한다. 문이 있는 방을 찾더니 없으니까 울타리로 방을 만든 후 침대를 배치한다. 소년의 방인 듯, 소년이 학교 갔다 온 후 가방을 아무렇게나 벗어 던지고 서

| 사진 111 | 피아노 치는 소녀

있더니 다시 침대 위에 벌렁 누워 있게 한다. 아주 편안한 상태 같다. 비슷한 또래의 소녀상을 찾았다. 여러 번 의자에 앉히면서 피아노 페달과 소녀의 발을 맞추려고 애쓰나 잘 되지 않는다. 비슷하게 앉혔다. 다른 방을 만들고 침대를 배치한 후 책장이 썰렁하다면서 책을 다 갖추어 놓은 후 아기 침대를 배치한다. 식당을 계속 찾으면서 식당을 꾸미고 싶어 한다. 이따금 피아노 소리를 들었다가 원위치시킨다. 중간에 피아노 소리가 나지 않자 피아노를 뒤집어서 테이프를 감는다. 이제는 소녀가 피아노 연주를 하고 있다. 피아노 선율을 음미하면서 감상한다.

⊙ 행동 관찰

학교생활에 적응을 해 나간다. 피아노와 바이올린을 배우기 시작했다. 자신은 음악보다는 미술을 잘한다고 하며 미술 학원을 보내 달라고 한다. 아동이 하고 싶은 대로 해 줄 수도 있었지만 어렵게 피아노와 바이올린을 구입했고, 또한 상담소의 모든 아이들이 피아노와 바이올린을 하기로 했기 때문에 그대로 하도록 하였다. 아동은 자신이 함께 있는 친구들과 비교되기 때문에 피아노와 바이올린을 꺼려한다는 판단을 내릴 수 있었다. 아동은 학습도 함께 있는 친구들에 비해 많이 부족한 상태였기 때문에 자신의 무능력함을 보여 주기 싫어하는 눈치다. 그러나 아동은 힘들어하면서도 피아노와 바이올린을 연습하면서 따라간다.

⊙ 치료자 느낌

현재 피아노와 바이올린을 연습하는데 모래상자에 피아노 치는 자신의 모습을 연출시켰다. 평소에 늘 '오빠'를 그리워하였는데 모래상자 안에 오빠가 학교에 다녀와서 편안하게 침대에 누운 상태를 표현했다. 오빠를 많이 보고 싶어 하였는데 현실 그대로를 모래상자 안에 들여왔다. 치료자는 아동의 모래상자가 종결에 이르렀음을 감지했다. 그런데 상자 좌측 상단에 아기를 배치한 점이 마음에 걸린다. 아동은 지속적으로 퇴행을 하면서 진행해 나간다는 느낌이 든다. 소년과 소녀는 서로 협응을 하지 않고, 소년은 자신의 방에 누워 있다. 여기서 소년의 등장은 좋았으나 상호 관계가 전혀 없다는 것은 앞으로 모래상자를 할 수 있다면 좀 더 연장해도 좋다는 생각이 든다.

◉ 슈퍼비전
야마나카 야스히로

아동이 치료자 앞에서 점점 더 깊은 내면을 표현할 수 있어야 하는 것이 중요합니다. 이 사례는 치료자의 그러한 태도로 치료 전반에 성공적으로 진행된 것을 볼 수 있습니다. 아동은 대단히 좋아졌고 사례가 잘 진전되었으며 개선되었습니다. 그 증거는 사전·사후 테스트로 알 수 있는데, 사전 검사에서 나무 부분이 사후 검사에서 바뀐 것을 알 수 있습니다. 나무 기둥의 한 가운데에 얼굴 같은 것이 그려져 있었던 것을 기억할 것입니다. 그러한 나쁜 체험을 한 아동이 세상을 제대로 접할 수 없는 상태에서 선택한 접촉 방법이라는 것입니다. 나무 그림에서 밑에는 소용돌이가 그려져 있었고, 때로는 뾰족한 살과 날들이 그려져 있었습니다. 그러한 부분에서 치료의 전과 후를 비교해 보면 날카로운 부분이 없어지는 것을 볼 수 있습니다. 그것은 나무의 열매가 낙원의 아담과 이브의 사과라는 것

을 연상시킵니다. 뱀이 와서 속였고, 사과를 먹게 됩니다. 인간에게
지혜가 부여되면서 인간은 근심을 하게 됩니다. 아동은 이전에 성
적인 학대의 의미를 제대로 이해하지 못했다고 생각합니다. 그러나
그 의미를 알게 되기 시작할 때 자기 나름대로 새로운 근심이 시작
됩니다. 하지만 우리가 이러한 것을 이해한다 하더라도 아동에게는
그 부분이 해결되지 않습니다. 이 사례에서 이 부분을 해결한 것은
모래상자입니다. 치료자와 아동을 도왔던 여러 선생님들 덕분에 이
아이는 새 출발을 할 수 있을 것이라고 생각합니다.

고 찰

아동의 모래상자놀이는 전반부, 후반부로 나뉜다고 볼 수 있다.
전반부는 1~12차, 후반부는 13~21차로 보고자 한다. 전체적인 흐
름은 '똥' 시리즈라고 할 수 있다.

전반부에서는 미녀와 야수, 인어 공주, 백설 공주, 알라딘 등의 동
화를 펼치면서 하느님, 아기 예수님, 성모상, 십자가상 등 종교적인
색채를 많이 띤다. 동시에 때때로 마녀와 지옥 불에도 관심이 많다.
전반부를 정리하면서 HTP, KFD 검사를 재실시하였다. 〈사진 112,
113, 114, 115, 116〉은 〈사진 79, 80, 81, 82, 83, 84, 85〉와 비교해
볼 때 모래놀이치료 후에 아동의 심리적 외상이 거의 소거되었음을
보여 준다.

〈사진 112, 113, 114, 115, 116〉에서도 볼 수 있듯이 아동의 심리
적인 문제는 상당히 호전되었다고 할 수 있으나 만 4세부터 아동은

| 사진 112 | 집 그림 검사-사후

| 사진 113 | 나무 그림 검사-사후

| 사진 114 | 사람(여자) 그림 검사-사후

| 사진 115 | 사람(남자) 그림 검사-사후

문 장 완 성 검 사 (아 동)

1. 내가 가장 행복한 때는 <u>모르겠다.</u>

2. 내가 좀 더 어렸다면 <u>좋았을 것 같다. 사랑을이 잘 해 줄 것 같다. 어떻게? 모르겠다.</u>

3. 나는 친구가 <u>많이 없다.</u>

4. 다른 사람들은 나를 <u>잘해 주신다.</u>

5. 우리 엄마는 <u>좋다. 잘 해 주니깐.</u>

6. 나는 <u>어렸을 때로 돌아가고 싶다. 어렸을때? 대게 좋았다. 엄마. 아빠 있어서.</u>

7. 나에게 가장 좋았던 일은 <u>언니들이 잘 해 주는 것</u>

8. 내가 제일 걱정하는 것은 <u>오빠가 잘 있는거 걱정된다.</u>

9. 대부분의 아이들은 <u>몰라요.</u>

10. 내가 좀 더 나이가 많았다면 <u>싫어요. 모르겠지만 싫어요.</u>

11. 내가 가장 좋아하는 사람(은) <u>수녀님. 선생님.</u>

12. 내가 가장 싫어하는 사람(은) <u>수경이</u>

13. 우리 아빠는 <u>싫어요. 술 먹을 때.</u>

14. 내가 가장 무서워 하는 것은 <u>때리는 것이요.</u>

_____

15. 내가 가장 좋아하는 놀이는 <u>모두 다 재미있어요.</u>

16. 내가 가지고 있는 것 중에서 세일 아끼는 것은 <u>지금 없는 것 거의 모두 다.</u>

_____

17. 내가 가장 가지고 싶은 것은 <u>텔레비젼</u>

18. 여자 애들은 <u>좋다.</u>

19. 나의 좋은 점은 <u>언니들한테 말 잘 듣는 것이에요.</u>

| 사진 116 | 문장 완성 검사─사후

대단히 위험한 상황에 처해 있었고, 친부로부터의 성 학대, 고모부
로부터의 성 학대, 신체 학대, 정서 학대, 열악한 환경에서의 방임
상태를 모래상자 놀이에서 여실히 보여 주었다. 지금까지의 모래상
자 놀이치료를 통해서 아동은 마음 깊은 곳으로부터 자기 자신의 더
러움과 비참함, 적개심을 표출하였다.

앞으로의 계획은 현재 분리 · 보호하고 있는 상태에서 안정된 장
소의 환경을 제공하기 위해 상담소 근처 가정집에서 살게 할 것이
다. 그 집은 아빠로부터 보호된 안정된 곳이다.

아동은 전반부의 끝 부분에서부터 생활이 안정되면서 새로운 심
리 · 정서적 징후가 보였다. 학습장애의 일면을 보이는데 가장 두드
러진 부분은 읽기 부분이다. 치료자가 읽기에 대하여 많이 힘드냐
고 물었을 때, 집에서 책을 읽지 못한다고 아빠한테 많이 맞았다고
했다. 교사가 책을 들고 읽으려 할 때면 그때부터 작은 신음 소리를
내면서 거부를 했다.

또 다른 징후는 수면장애다. 밤마다 침대에서 혼자 잠을 못 이룬
다. 같은 또래들과 함께 누워야 잠을 자곤 한다. 악몽에 시달리면 새
벽 2~3시경 일어나 치료자의 방문을 두드린다. 울면서 악몽에 대
하여 표현을 했다. 그 외에도 또래 관계를 잘 형성하지 못하고 교사
와도 단둘만의 일대일 관계를 허용했다. 학교생활을 약 2개월 정도
한 후 학교에 가기 싫다고 했다. 이유는 아이들이 왕따를 시킨다는
것이다. 학교에 가기 전 상담소에서 함께 지내는 또래들과의 관계
에서 어긋나는 것을 볼 때 학교 장면에서의 또래들과 관계를 맺는
것이 쉽지는 않을 것이라고 사료된다. 더불어 아동은 가끔 신체적
인 통증을 호소한다. 가슴이 아프다고 하면서 심장 부분을 만지는

경우가 있다. 아동의 심리적 지지가 되는 오빠가 방학을 맞이하여 함께 지내게 되었다. 아동의 오빠는 아빠와 함께 살면서 학교에 다녔으나 동생에 대하여 애틋하다. 아동도 이 세상에서 가장 보고 싶고 좋아하는 사람은 오빠라고 한다. 약 5개월간의 공백이 있었고, 아동이 모래상자놀이를 다시 하고 싶어 하여 재실시하였다. 아동은 마지막 회기의 모래상자에서 자신을 피아노 치는 소녀로 표현했듯이 자기상을 찾아왔다고 볼 수 있다.

　아동이 피아노 치는 초등학교 2학년 아동처럼 되기까지 처음에는 더러운 똥에서 어둡고 캄캄한 동굴 안에서의 새끼 박쥐, 버려진 아기에서 아기 예수님으로 자신의 존재가 전환되면서 자기 자신을 소중하게 다루기 시작했다. 그럼에도 불구하고 계속 따라다니는 마녀와 마왕은 좀처럼 떨어져 나가지 않는다. 그러나 아동은 계속적인 지지 체계 속에서 치료자와의 온전한 신뢰로 서서히 악몽에서 털고 일어나기 시작했다. 아동은 피아노 치는 소녀로 용기 있게 일어섰다. 지금 현재 자신의 모습에 만족해하며, 긍정적인 자기 모습으로 계속해서 적극적인 발달을 해 나가리라 기대해 본다. 한편 가출한 엄마가 돌아왔다. 아동의 성 학대에 대하여 아동의 어머니와 고모들에게 자세히 알려 주었다. 앞으로 성 학대가 다시 일어나지 않도록 지지 체계를 구축하였으며 아동의 아버지도 영세민 아파트로 입주하였고, 새로운 직업을 갖게 되었다. 아동은 돌아온 엄마와 오빠, 아빠, 고모와 함께 가족을 이루고 집으로 돌아갔다.

참고문헌

노치현, 황영희(1998). **모래놀이치료**. 서울: 동서문화원.

염숙경(1991). **모래상자를 이용한 놀이치료**. 서울: 원광아동상담소.

이부영(1988). **분석심리학**. 서울: 일조각.

中井(1972). 정신분열증 사례에 관한 과정에서의 비언어적 접근법의 적용결과. 예술요법, 4.

中村, 河合集雄(1982). 공간의 표현 그리고 표현의 공간. 현대사상, 10(9).

河合集雄(1970). **箱庭療法硏究Ⅰ**. 교토: 성신신방.

山中康裕(1972). **箱庭療法硏究Ⅱ**. 교토: 성신신방.

河合集雄(1983). 箱庭療法入門. 심재경 역. **모래상자놀이요법입문**. 서울: 양영각.

河合集雄, 中村雄二不郞(2000). トポスの知. 동부아동상담소, 우종태 공역. **모래상자의 지혜**. 서울: 한학문학.

Carey, L. J. (1999). *Sandplay Therapy with Children and Families*. Northvale, New Jersey: Jason Aronson Inc.

Neumann. E. (1973). *The Child*. London: Maresfield Library.

Jung, C. G., Hall, C. S., & Jacobi, J. (1999). *Memories, dreams, reflections; The primer of jungian psychology ; The psychology of C. G. Jung*.

Kalff, D. M. (1966). *Sandplay: A Paychotherapeatic Approach to the Psyche*. California: Temenos Press.

Weinrib, E. L. (1983). *Image of the Self: The Sandplay Therapy Process*. Boston: Sigo Press.

찾아보기

저자 소개

● 김보애

　샬트르성바오로수녀회 서울관구 입회
　상지대학교 사회복지학과 졸업
　이화여자대학교 사회복지학 석·박사(임상사회복지 전공)
　국제모래놀이치료학회 정회원(ISST)
　모래놀이치료 지도감독자(한국모래놀이치료학회)

　현 시립아동상담치료센터 소장
　　서울시동부아동보호전문기관장
　　한국모래놀이치료학회장
　　한국모래놀이치료연구소장

　〈저서〉
　『모래놀이치료의 이론과 실제』(학지사, 2003)
　『건강한 가족공동체』(가톨릭 출판사, 2003)
　『신비스러운 모래놀이치료』(학지사, 2004)
　『만남의 신비 모래놀이치료』(가톨릭 출판사, 2007)
　『모래놀이여행』(가톨릭 출판사, 2008)

　〈역서〉
　『모래놀이치료와 數 상징』(공역, 학지사, 2006)

모래놀이치료의 이론과 실제(2판)

2003년 3월 31일 1판 1쇄 발행
2010년 6월 25일 1판 4쇄 발행
2011년 8월 25일 2판 1쇄 발행
2021년 9월 15일 2판 4쇄 발행

지은이 • 김 보 애
펴낸이 • 김 진 환
펴낸곳 • (주) **학지사**

    04031 서울특별시 마포구 양화로 15길 20 마인드월드빌딩 5층
대표전화 • 02) 330-5114   팩스 • 02) 324-2345
등록번호 • 제313-2006-000265호

홈페이지 • http://www.hakjisa.co.kr
페이스북 • https://www.facebook.com/hakjisabook

ISBN 978-89-6330-717-6 93180

정가 **15,000원**

교육문화출판미디어그룹 **학지사**
학술논문서비스 **뉴논문** www.newnonmun.com
심리검사연구소 **인싸이트** www.inpsyt.co.kr
원격교육연수원 **카운피아** www.counpia.com